Gudrun Ruschitzka

Neue Landfrauen Rezepte

Weltbild

Inhalt

»Egal ob ich Tomaten oder Tomätchen ernte – auf jeden Fall schmecken sie echt und wirklich nach Tomaten!«

»Schmecken muss es«

Hat die der Teufel geritten? Das ist mein erster Gedanke, als ich höre, daß Gudrun eine Marke werden soll. Ausgerechnet ›Gudrun‹ soll die Leitidee eines Buchs, schlimmer noch: einer Buchreihe heißen, wo es um die einfachen Genüsse geht. Warum? Bloß, weil die Frau, die dahintersteht, Gudrun heißt? Es gibt doch Leute, die sich Pseudonyme ausdenken. Schließlich hätte selbst Marylin als Miss Baker nicht diese Karriere gemacht.

Es gibt zwar keine Wagner-Gestalt in blitzender Brünne, die Gudrun hieße, aber es klingt ganz so: heroisch, wuchtig, deutsch. Und die Gudrun im gleichnamigen mittelalterlichen Heldenepos ist auch genau dieser Typ. Nur: Das allzu Deutsche behagt uns Deutschen nicht, schon wegen des mangelnden kosmopolitischen Chics. Warum also eine Marke namens Gudrun?

Natürlich treffe ich Gudrun beim Italiener. Sonst wäre, wie in jeder Großstadt, nur noch ein Thai-Lokal als Alternative geblieben, eine Tapas- oder eine Sushi-Bar. Gudrun hat die Hände einer Dame. Einer echten. Einer Frau also, die »Für Elise« nicht nur bis zur Durchführung spielen kann, öfters in Büchern als in Klatschzeitschriften blättert, nicht zu viele Ringe trägt und nicht zuviel arbeitet. Was den letzten Punkt angeht, täusche ich mich gewaltig. Jeder Bauer im bayrischen Nußdorf würde mich auslachen, weil die Gudrun dort am Wochenende Butterpilze, Reitzger und Maronen sammelt, Walnüsse aufklaubt, Kresse pflückt am Bach oder Bärlauch am Waldrand.

Das allzu Deutsche behagt uns Deutschen nicht, schon wegen des mangelnden kosmopolitischen Chics.

Weil sie in ihrem Garten steht mit krummem Kreuz, um die Quecke aus dem Kräuterbeet zu reißen oder Mulche an die Tomaten zu betten. Und am Abend fahren dann Autos vor mit Münchner oder Leipziger Nummern, weil die Gudrun kocht.

Immerhin, das mit den Büchern stimmt. Denn nachdem sie mit sechzehn zwangsweise Köchin wurde, ist sie irgendwann zum Beruf ihrer Mutter übergewechselt und Diplom-Bibliothekarin geworden. Kein Traumberuf, sondern ein Beruf für Träumer. Und Träume hat Gudrun immer gebraucht. Als Überlebensration. Denn sie kommt aus einer gescheiterten Ehe und dem, was vierzig Jahre lang DDR geheißen hat.

Die Heimat zu verleugnen käme Gudrun nie in den Sinn. Das wäre für sie, als verleugnete sie einen Teil ihres Wesens.

Gudruns Akzent hat sich gehalten, leise, aber unüberhörbar. Nicht, weil sie das Sächsisch nicht weggebracht hätte, vielmehr weil sie ihre Sprache nie klinisch bereinigen wollte. Ein Dialekt ist schließlich kein Infekt. Die Heimat zu verleugnen käme Gudrun nie in den Sinn. Das wäre für sie, als verleugnete sie einen Teil ihres Wesens. Am Fuß des Erzgebirges ist sie aufgewachsen, bei den Großeltern, denn die Mutter hatte wenig Zeit für den Nachwuchs: Sie mußte allein das Geld verdienen für ihre vier Kinder.

Ein kleines Sägewerk, ein Großvater, der im Männergesangsverein singt, ein bißchen Klavier spielen und Geschichten erzählen kann und die Frauen vergöttert. Eine Großmutter, die rechnen kann, Gänse rupfen und Hühner ausnehmen, die Griebenschmalz zubereiten, Hasen

enthäuten und Würste stopfen kann. Die vor dem Schweinefüttern die Bücher prüft, vor dem Ziegenmelken im Garten noch Salat schneidet, vor dem Marmeladekochen die gezupften Lindenblüten zum Trocknen auslegt und vor dem Zubettgehen noch schnell die frisch geernteten Äpfel auf den Schlafzimmerschrank legt.

Wenn eine Kindheit wie diese unter dem Stichwort ›deutsche Heimat‹ läuft, kriegt jeder ambitionierte Deutsche Gänsehaut. Aber jetzt haben wir ja eine neue Vokabel entdeckt, die keinen deutschen Provinzmief hat, sondern richtig nach Zeitgeist riecht: ›authentisch‹ haben wir's neuerdings gern. Das ist nicht dumm, sondern einsichtig. Und Gudrun, das kapiert jeder, der ihr nur zehn Minuten gegenübersitzt, ist wahrhaftig authentisch.

Sie weiß, wie man Flußkrebse auszutzelt, wie süß Kleeblüten schmecken, wogegen Hirtentäschel hilft und wozu man Sauerampfer verwendet. Sie kann sicher zwanzig Rezepte für altbackenes Brot auswendig und hat nie vergessen, wie man Knödel macht. Böhmische Knödel vor allem. Darin ist sie nämlich Expertin geworden während ihrer Lehrzeit in der Leipziger HO-Gaststätte ›Paulaner‹, einem damaligen tschechischen Spezialitätenrestaurant, einer Lehrzeit, die für Gudrun oft Folter war. Köche, die unter Ausbildung vor allem eines verstanden: Lehrlinge schikanieren. Eisentöpfe mit 60 Litern Knochenbrühe oder Krautsuppe über eine heimtückisch steile Eisentreppe Richtung Kühlhaus schleppen, wobei es immer wieder zu Stürzen kommt und zum Bad in der schmierigen Brühe. Eingesperrt werden im Kühlhaus – rein zufällig natürlich –, wenn man die Klappe zu weit aufgerissen hat. Vierzig, fünfzig rohen Hühnern die Gedärme aus dem Leib fingern. Und das ganze für 60 Mark im Monat, wo schon ein paar Nylons 20 Mark kosten.

Sie weiß, wie man Flußkrebse auszutzelt, wie süß Kleeblüten schmecken, wogegen Hirtentäschel hilft und wozu man Sauerampfer verwendet.

Warum hat sie das ausgehalten? »Weil meine Mutter immer gesagt hat: ›Kind, halte durch, mach deinen Abschluß. Wer weiß, wozu du ihn mal noch brauchen kannst.‹« Gudrun macht eine Handbewegung vom Kopf bis zum Bauch. »Das konnte ich, weil da innen drin etwas war«, sagt sie. Ein Vorrat an guten Erfahrungen, von denen sie gezehrt hat.

Heimat ist dort, wo wir keine Angst haben. Und manchmal ist das dann nur noch in den Armen eines geliebten Menschen der Fall. Oder allein in einem selber. Bei Gudrun war das lange so. Jahre hat sie sich ernährt von den duftenden, leckeren Erinnerungen an die Kindheit. Von den Träumen, die sie schmecken und riechen konnte. Und sie schafft, durch diesen Seelenproviant gestärkt, trotz aller Härten die Facharbeiterprüfung mit Glanz.

Als Kind hat sie die Welt über die Sinnesorgane erfahren und verstanden, durchs Schmecken und Riechen und Spüren.

Doch dann flieht sie. Flieht aus der Welt der Hühnergedärme, der Knödelteige und Suppen in die Welt der Bücher: Sie studiert an der Leipziger Bibliothekarsschule. Zwischen Schultür und Haustür heiratet sie. Aber kleine Fluchten bringen wenig. Gudrun flieht lieber in die Regionen der Phantasie. In den Jugendbibliotheken von Ost-Berlin zeigt Gudrun den Kindern, welche sensationellen Reisen sie unternehmen können, wenn sie sich nur entführen lassen von den Geschichten.

Die große ›Reise‹ riskiert Gudrun selbst ein paar Jahre später, vom Rumänienurlaub aus, mit Hilfe eines damaligen französischen Freundes und dessen NSU-Prinz 1000.

Der Erfolg dieser Flucht ist im Archiv einzusehen. Ein Zahlencode steht auf den Fotos. Gudrun von rechts, Gudrun von vorn, Gudrun im Dreiviertelprofil. Fotos, wie man sie im Gefängnis von jedem Häftling macht.

Als Kind hat sie die Welt über die Sinnesorgane erfahren und verstanden, durchs Schmecken und Riechen und Spüren; in der Lehre hat sie gelernt und gelitten durch das, was sie essen, einatmen, anfassen mußte. Und im Knast lernt sie, wie Gefangenschaft schmeckt. Im rumänischen Gefängnis einfach grauenhaft. Nach Maisbrei, der aussieht wie Schweinefutter und auch so schmeckt. Im Ost-Berliner Knast schmeckt die Gefangenschaft besser, Dankbarkeit vorausgesetzt. »Kartoffeln, Kraut, Eintöpfe, Klopse, manchmal Gulasch und abends immer kalt. Was da gekocht wurde, konnte man, an den Umständen gemessen, sogar schmackhaft nennen«, sagt sie. Und berichtet, daß sie als gelernte Köchin in der Gefängnisküche arbeiten durfte.

Gudrun landet schließlich in Abschiebehaft in Chemnitz und hört durchs Klotelefon, daß es eine Chance gibt, freigekauft zu werden. Sie kommt nach München.

Hier entdeckt sie schnell, wie sie es sich leisten kann, ihr Fernweh zu stillen: Sie geht zur Lufthansa. Stewardeß, dieser Traumberuf der 70er, ist aber nichts für eine, die aus ihrer Erdung die Kraft bezieht. Gudrun wechselt über zum Lufthansa-Partyservice. Genau zu dem Zeitpunkt, als die Party zum liebsten Aufenthaltsort der Deutschen wird. Vom Richtfest bis zum Polterabend, von der Baumesse über Empfänge bis zu jenen VIP-Feten, die sich heute Events nennen, lernt Gudrun Ausrichten und

Anrichten, Organisieren, Servieren. Diese Gastlichkeit, die vor allem amüsieren, vielleicht auch imponieren will und deswegen gern das Einfache vergißt und das Ursprüngliche verdrängt.

Gudrun hat es in sich bewahrt. Nicht etwa konserviert, denn in die Konserve wären die neuen Gedanken nicht eingedrungen, die neuen Anregungen und Empfindungen.

Gudrun weiß heute etwas, was kaum mehr einer weiß: Sie kennt Rezepte, die jeder mag, aber kaum einer mehr kochen kann. Denn dieses Wissen ist uns verlorengegangen über Thai-Food und Fertig-Pizza, über Hamburgern und Hot-Dogs, über Fischstäbchen und Schlemmerfilet aus der Tiefkühltruhe. Kurz: über der internationalen Trostlosigkeit der Ernährung. Man könnte auch ›trostlose Internationalität der Küche‹ sagen.

Regionale Küchen-Traditionen wiederzubeleben: das ist nicht ganz neu. Und mit Traditionellem die Leute zu locken, gerade die, die von Endzeitangst befallen ins Nest flüchten wollen, ist ebensowenig neu. Sonst verkaufte sich nicht sovieles an Entgleisungen, das nur durch das Präfix ›Omas‹ oder ›Großmutters‹ geadelt wird.

Gudrun ist authentisch. Sie ist gelebtes Leben. Eine Verkörperung deutscher Geschichte. Aber eben nicht der großen Geschichte, sondern der kleinen. Also der, die die Mehrheit kennt.

Und weil Gudrun authentisch ist, ist sie weitgehend gefeit vor den Verführungen dessen, was sich Trend nennt. Denn sie hat das Gefühl für Qualität im Bauch, das gegen Geschmäcklerisches rebelliert. Hobbyköchen geht es oft darum, Eindruck zu machen, Gudrun will ihren Gästen einen schönen Abend bereiten, sie sollen genießen. Und Peter, ihr Mann, steht ihr nicht nur im Leben zur Seite, sondern auch am Herd. Weil er sein Woher genausowenig vergessen hat wie Gudrun, gibt es auch schlesische Klöße, schlesische Brotsuppe oder Sauerbraten. »Schmecken muß es«, heißt die gemeinsame Devise.

Das klingt etwas unscharf. So, als ließe es sich kaum definieren. Aber die Erfahrung beweist: Innerhalb eines Kulturkreises – die chinesische Leidenschaft für Hundegulasch werden wir Europäer wohl nie teilen – herrscht seltene Einigkeit darüber, warum wem etwas schmeckt.

Theoretisch sind die Kriterien dafür schwer zu formulieren. Aber praktisch sind sie einfach zu überprüfen: an zufriedenen Gesichtern, Geräuschen des Wohlgefühls und leergegessenen Tellern. Vor allem aber an Wünschen, die damit beginnen: »Könntest du uns mal wieder dieses Essen kochen, weißt du noch…«

Gudrun weiß heute etwas, was kaum mehr einer weiß: Sie kennt Rezepte, die jeder mag, aber kaum einer mehr kochen kann.

Das ist kein konservativer Wunsch. Es ist die Sehnsucht nach einer kulinarischen Heimat, die wir jederzeit wieder aufsuchen können.

Eva Gesine Baur

Kleine Speisen und Salate

»Wenn ihr gegessen
und getrunken habt,
seid ihr wie neu
geboren,
Seid stärker, mutiger,
geschickter zu euerm
Geschäft.«

JOHANN WOLFGANG
VON GOETHE

Harzer Käsegehacktes

Zur Abwechslung können Sie den Harzer Käse auch durch nicht zu reifen Camembert ersetzen.

Für 2–3 Personen:
200 g Harzer Käse (nicht zu reif)
2 kleine rote Zwiebeln
1 Bund Schnittlauch
1 TL Kümmel
100 g weiche Butter
1 EL Senf
1/2 TL Rosenpaprika
Pfeffer

Bei 3 Personen
350 kcal pro Person
Etwa 20 Min.

❶ Den Käse in kleine Stückchen würfeln oder hacken. Die Zwiebeln schälen und fein würfeln. Den Schnittlauch waschen und in Röllchen schneiden. Den Kümmel hacken.

❷ Alles in einer Schüssel mit der Butter gut vermischen. Mit Senf, Kümmel, Paprika und Pfeffer pikant abschmecken. Mit kräftigem Bauernbrot servieren. Dazu schmecken Radieschen oder Rettich.

3 x schnell & gut

Schmalzbrot mit Harzer

Bauernbrot mit Griebenschmalz bestreichen und Harzer Käse scheibchenweise darauf legen. Mit Radieschen und Petersilie garnieren.

Kartoffelkäse

In Bayern heißt er »Erdäpfelkäs«. Dafür 500 g mehligkochende Kartoffeln kochen, schälen, heiß durchpressen und mit 100 g süßer und 200 g saurer Sahne mischen. 1 kleingewürfelte Zwiebel in Butter andünsten und mit Kümmelpulver, Salz und Pfeffer unterrühren. Mit gehackter Petersilie oder Schnittlauch fingerdick auf Bauernbrot streichen.

»Willy´s Topinki«

Dunkle Brotscheiben rösten oder toasten. Mit geschältem Knoblauch einreiben. Darauf Butter und Landleberwurst streichen. Sie hören nicht mehr auf zu essen …!

Rührei mit Bückling

»Jedwedem fühlendem Herzen bleibt das Vaterland ewig teuer – ich liebe auch, recht braun geschmort, die Bücklinge und Eier.«

Heinrich Heine

Für 2 Personen:
1 Bückling
1 EL Zitronensaft
$^{1}/_{2}$ Bund Schnittlauch
1 EL Butter
4 Eier
Salz, Pfeffer
2–4 Scheiben Sechskornbrot

460 kcal pro Person
etwa 30 Min.

❶ Vom Bückling Kopf und Haut entfernen. Den Fisch sorgfältig entgräten und mit einer Gabel grob zerpflücken. Mit Zitronensaft beträufeln. Schnittlauch waschen und in Röllchen schneiden.

❷ Die Butter in einer Pfanne erhitzen, die Fischstücke kurz durchbraten. Die Eier mit 1 EL Wasser und 2 Prisen Salz verquirlen und über den Fisch gießen. Leicht durchrühren, bis die Eier stocken. Mit Pfeffer und Schnittlauch bestreuen und auf die Brotscheiben verteilen. Dazu schmekken auch Bratkartoffeln und ein Salat.

GEFÜLLTE MANGOLDPÄCKCHEN

Wenn Sie keinen Mangold bekommen, legen Sie mehrere große Spinatblätter überlappend zum Füllen aus.

Für 3–4 Personen:
Salz
1 mittelgroße Mangoldstaude, 1 Schalotte
1/2 Bund Koriandergrün
1/2 unbehandelte Zitrone
1 Ei, 250 g rohes Kalbsbrät
Pfeffer, Cayennepfeffer
Muskat, 1/4 TL Currypulver
1 EL Butterschmalz
1/8 l Geflügelfond (aus dem Glas)
4 EL Weißwein nach Belieben
150 g Crème fraîche

BEI 4 PERSONEN
390 KCAL PRO PERSON
ETWA 1 1/4 STD.

❶ In einem breiten Topf Salzwasser zum Kochen bringen. Von den Mangoldblättern die Stiele abschneiden und dicke Blattrippen etwas abflachen. Die Blätter waschen und 2 Min. im kochenden Wasser blanchieren. Eiskalt abschrecken, nebeneinander ausbreiten und gut trockentupfen.

❷ Die Schalotte schälen und fein würfeln. Koriandergrün waschen, abtrocknen. Die Blätter von einigen Stengeln hacken. Zitronenschale abreiben, 1 EL Saft auspressen. Alles mit dem Ei zum Brät geben. Mit Pfeffer, Cayennepfeffer, Muskat und Curry pikant würzen. Die Masse gut vermengen.

❸ Jeweils in die Mitte der größten Mangoldblätter (kleinere können Sie mit einwickeln) etwa 1 TL Füllung verteilen. Die Blätter seitlich vorsichtig einschlagen und zur Spitze hin aufrollen. In einer Deckelpfanne Butterschmalz erhitzen. Die Päckchen darin 3–4 Min. anbraten. Fond und Wein angießen und alles zugedeckt 15 Min. köcheln lassen.

❹ Crème fraîche unter die Sauce rühren und 5 Min. ziehen lassen. Restliche Korianderblättchen abzupfen und zur Sauce geben. Servieren Sie Reis oder Baguette dazu.

Meine Tips!

Mangoldstiele kleinschneiden, extra einfrieren und z.B. für eine Gemüsesuppe mit verwenden.

Blanchierte Mangoldblätter flach in Gefrierbeutel legen und auf Vorrat einfrieren.

Gewürfeltes und gewürztes Lachsfilet oder eine Schinken-Pilzfarce als Füllung nehmen.

Die Päckchen im Dämpfeinsatz über heißer Brühe oder Hühnerfond/Wein garen.

KLEINE WIENER SCHNITZEL

Beste Beilage: Rapunzeln (Feldsalat), die heute so sauber in Schälchen angeboten werden, daß das lange Putzen fast entfällt.

Für 2 Personen:
2 Kalbsschnitzel (je etwa 140 g)
Salz, Pfeffer
2 Eier oder 4 Eigelbe
1 EL Mehl
frische Semmelbrösel (siehe Tip, Seite 78)
1/2 Zitrone
Öl oder Butterschmalz zum Braten

365 KCAL PRO PERSON
ETWA 25 MIN.

❶ Die Schnitzel schräg in der Mitte durchschneiden. Zwischen Frischhaltefolie legen und leicht klopfen. Mit Salz und Pfeffer würzen.

❷ Die Eier in einem Teller verrühren. Die Fleischstücke im Mehl wenden, gut abschütteln und durch das Ei ziehen. Dann auf beiden Seiten mit den Semmelbröseln panieren.

❸ In einer Pfanne reichlich Öl oder Butterschmalz erhitzen, die Schnitzelchen bei mittlerer Hitze auf beiden Seiten in je 4–5 Min. goldgelb braten. Auf Küchenpapier abtropfen lassen. Die Zitrone in Achtel schneiden, auf die Schnitzel legen. Dazu schmeckt Kartoffel- oder Rapunzelsalat.

So schmeckt's auch:

Schnitzel mit gemahlenen Mandeln panieren. Und dazu eine Preiselbeer-Sauce servieren: 1/8 l Brühe mit 200 g Sahne 8 Min. köcheln lassen. 2 EL Preiselbeeren mit dem Pürierstab untermixen, Sauce mit Salz, Pfeffer und Zitronensaft abschmecken. Dazu schmeckt dann besser Reis.

Überbackener Ziegenkäse

Ich liebe alles von der Ziege! Milch, Butter und Käse kamen in meiner Kindheit von den geliebten »Micke« und »Rese«.

Für 3–4 Personen:
1 Rolle Ziegenkäse (200 g, ohne Rinde)
2 Äpfel (Boskop)
1 EL Zitronensaft
4–8 Scheiben Toast- oder Mischbrot
2 EL Butter, Pfeffer
1 TL brauner Zucker
2–3 Zweiglein frischer Thymian

Bei 4 Personen
400 kcal pro Person
etwa 40 Min.

❶ Den Käse in etwa 1 cm dicke Scheiben schneiden. Die Äpfel waschen, die Kerngehäuse ausstechen und die Äpfel quer in gleich viele Scheiben schneiden. Mit dem Zitronensaft beträufeln.
❷ Das Brot toasten und dann rund (in Apfelgröße) ausstechen. Den Backofen auf 225° vorheizen. Eine flache feuerfeste Form mit etwas Butter ausfetten. Die Brotscheiben nebeneinander einlegen, dann darauf die Apfelscheiben und je 1 Käsescheibe legen.
❸ Mit Pfeffer, Zucker und Thymianblättchen bestreuen. Die restliche Butter in Flöckchen darauf setzen. Im heißen Ofen (Umluft 200°) 15 Min. überbacken, bis der Käse zu schmelzen beginnt. Mit oder auf etwas Salat servieren.

Schnell & gut

200 g frischen Ziegenkäse zerschneiden und mit 2 EL Öl (z. B. Olivenöl oder selbstgemachtes Basilikumöl, Seite 134), 1 EL Kräuteressig, 2 zerdrückten Knoblauchzehen, Pfeffer und einigen Blättchen frischen Majoran (oder gehacktem Bärlauch) marinieren.

Zucchini

haben wenig Eigengeschmack, deshalb sind sie wunderbar mit Tomaten, Auberginen und vielen frischen Kräutern zu kombinieren.

Warmer Zucchini-Möhren-Salat

Wird das Gemüse mit einem Buntmesser (das mit der gerippten Klinge) geschnitten, sehen die Scheiben gleich viel attraktiver aus …

Für 2–3 Personen:
400 g junge Zucchini
2 kleine Möhren
je 1/2 Bund Basilikum und Dill
Salz
1 Schalotte
1 Knoblauchzehe
2 EL Kräuteressig
2 Prisen Zucker
Pfeffer
3 EL Olivenöl
2 EL Kürbiskerne

Bei 3 Personen
160 kcal pro Person
etwa 30 Min.

❶ Das Gemüse und die Kräuter waschen. Zucchini putzen, Möhren schälen. Das Gemüse im ganzen in leicht gesalzenem Salzwasser 4–5 Min. kochen, dann abgießen und das Wasser dabei auffangen.
❷ Schalotte und Knoblauch schälen und in feine Würfel schneiden. Basilikum und Dill hacken. In einer Schüssel mit dem Essig, Zukker, Pfeffer, Öl und 3 EL Gemüsewasser zu einem Dressing rühren.
❸ Die Kürbiskerne ohne Fett in einer Pfanne leicht anrösten. Zucchini und Möhren in Scheiben schneiden. Mit dem Kräuterdressing mischen, die Kürbiskerne darüber streuen und den Salat warm servieren. Schmeckt uns besonders gut zu gebratenem Fisch.

Liebe auf Gegenseitigkeit

Unsere Oma liebte die Ziegen, die Ziegen liebten sie zurück: Sie meckerten, wenn sie sie sahen und meckerten noch lauter, wenn sie sie nicht sahen!

Einfrier-Tip:

Einige Küchenkräuter können Sie gut einfrieren, z. B. Basilikum, Dill, Kerbel oder Petersilie.
Die Kräuter waschen, trockenschütteln und ohne die groben Stiele fein hacken. Dann in Eiswürfelschalen füllen und etwas Wasser darauf gießen. Einfrieren und anschließend in Gefrierbeutel umfüllen (das spart viel Platz). Sie halten sich so gut 1/2 Jahr frisch. Bei Verwendung gefroren in Suppen, Saucen oder angetaut in Salatsaucen geben.

Champignons mit Kräutersauce

Wie gut, daß Champignons immer Saison haben und frische Kräuter auch im Winter wachsen...

Für 4 Personen:
Für die Champignons:
1/2 Zitrone
8 Riesenchampignons
Salz, Pfeffer, Cayennepfeffer
1 Ei, 4–5 EL Semmelbrösel
1 Bund gehackte Petersilie
einige Salatblätter
1–2 Tomaten
Butterschmalz zum Braten
Für die Kräutersauce:
1 Bund gemischte Kräuter (z.B. Basilikum, Dill, Schnittlauch)
1–2 Knoblauchzehen
2 Prisen Zucker, Worcestersauce
200 g Sahnejoghurt

165 kcal pro Person
etwa 30 Min.

❶ Die Zitrone auspressen. Die Champignons trocken abreiben. Die Stiele abschneiden und kleinhacken. Die Köpfe rundum mit etwas Zitronensaft einreiben und mit Salz, Pfeffer und Cayennepfeffer würzen.

❷ Das Ei in einem Schüsselchen verschlagen, die Semmelbrösel auf einen Teller streuen. Die Pilzköpfe durch die Eimasse ziehen, dann mit den Semmelbröseln panieren und die Brösel gut festdrücken.

❸ In einer Pfanne Butterschmalz erhitzen. Die Champignons bei schwacher Hitze in 10 Min. von beiden Seiten goldbraun braten.

❹ Inzwischen für die Sauce die Kräuter waschen und hacken (die Hälfte der Petersilie beiseite legen). Den Knoblauch schälen, in den Joghurt pressen. Den Joghurt mit Zucker, Salz, Pfeffer, einigen Tropfen Worcestersauce und Zitronensaft verrühren. Die Kräuter untermischen.

❺ Die Pilze herausnehmen. Die gehackten Stiele und die restliche Petersilie im heißen Bratfett kurz andünsten, den restlichen Zitronensaft dazugeben und alles auf die Pilze geben. Mit Salat, Tomatenspalten und der Kräutersauce servieren.

Lauter Lieblingskräuter

Bärlauch	*Frisch aus dem Wald schmeckt der »wilde Knofel« toll aufs Butterbrot oder unter Quark!*
Basilikum	*Leider lieben es auch die Schnecken; es schmeckt fein zu Tomaten und Quark.*
Beifuß	*Eine altbewährte Verdauungshilfe, unbedingt in die fette Weihnachtsgans stecken.*
Bohnenkraut	*Es gehört frisch an Gurkensalat und getrocknet an alle Gerichte mit grünen Bohnen.*
Borretsch	*Mein Gurkenkraut, die blauen Blüten sehen toll in der Salatschüssel aus!*
Brunnenkresse	*Sie wächst am nahen Bach; die pfeffrigen Blätter peppen jeden Salat auf.*
Dill	*Frisch zu Eiern, Fisch, Salat oder Kräutersaucen – und getrocknet zum Gurkeneinlegen*
Estragon	*Ihn brauche ich für meinen Estragon-Essig (Seite 134).*
Gartenkresse	*Unter Quark, zum Frischkäse – und über Salate gestreut auch nicht zu verachten.*
Kapuzinerkresse	*Mit den gelb-orangen Blüten dekoriere ich gern kalte Platten.*
Kerbel	*Für Salat und Suppen. Immer nur einmal mit aufkochen, sonst verliert er sein Aroma.*
Lavendel	*Die Blüten lege ich wegen ihres Dufts und gegen Motten in den Kleiderschrank.*
Liebstöckel	*Es heißt Maggikraut, kommt frisch an Gemüseeintöpfe, getrocknet verliert es an Aroma.*
Majoran	*Würzt alles Leber,-Blut- und Bratwurstähnliche! Und natürlich auch deftige Suppen.*
Petersilie	*Nichts geht ohne meinen Petersilientopf! Nur die Wurzeln kaufe ich beim Gemüsehändler.*
Pfefferminze	*Sie vermehrt sich bis sonstwohin; getrocknet gibt sie Tee ohne Ende.*
Rosmarin	*Er wächst besser im Topf, im Freien mickert er vor sich hin. Zum Grillen und fürs Lamm.*
Schnittlauch	*Faustregel: paßt zu allem, wozu auch Zwiebeln passen – ganz gut: Schnittlauchquark.*
Thymian	*Nur mittags ernten, da hat das Kraut den größten Gehalt an ätherischen Ölen.*
Zitronenmelisse	*Sie duftet so schön zitronig-frisch; für Süßes und zum Dekorieren der Eisbecher.*

Salat mit allem Drum und Dran

Selbstgemachte Mayonnaise schmeckt einfach besser! Keine Angst – das ist ganz leicht und geht schnell!

Für 4 Personen:
4 Eier
1 Putenschnitzel, 2 EL Öl
Salz, Pfeffer, Paprikapulver
200 g Wurst
150 g Käse im Stück
3 Tomaten
je 1 Eisberg- und Radicchiosalat

Für die Mayonnaise:
2 Eigelbe, 1–2 TL Senf
2 EL Weinessig
1/4 l Olivenöl
2 EL Tomatenketchup
3 EL Sahne, 1 EL Cognac
Salz, Pfeffer, Paprikapulver

800 kcal pro Person
etwa 1 Std.

❶ Die Eier hart kochen, kalt abschrecken, pellen und achteln. Inzwischen das Putenfleisch in dünne Streifen schneiden, in heißem Öl rundum braten. Mit Salz, Pfeffer und Paprika würzen und zur Seite stellen.
❷ Wurst und Käse in Streifen schneiden. Die Tomaten waschen und achteln. Den Salat putzen, waschen und trockenschleudern. Den Eisbergsalat grob in Streifen schneiden, vom Radicchio die Blätter ablösen und etwas kleinzupfen.
❸ Für die Mayonnaise zuerst die Eigelbe mit Senf und Essig verrühren. Dann ganz langsam und unter ständigem Rühren (mit den Quirlen des Handrührgerätes oder dem Pürierstab) das Öl dazufließen lassen (so wird es eine einfache Mayonnaise). Ist die Masse schön cremig, Ketchup, Sahne und Cognac unterheben. Mit Salz, Pfeffer und Paprika pikant abschmecken.
❹ Zuerst die Blattsalate in eine große Salatschale legen, dann die übrigen Zutaten und die Mayonnaise dekorativ darauf verteilen.

Schnell & gut

1/2 fertiggegrilltes Hähnchen kaufen, das Fleisch vom Knochen lösen und gewürfelt unter den Salat mischen. Fertige Mayonnaise mit den angegebenen Zutaten verfeinern.

Meine Tips!

Bei Wurst und Käse können Sie immer variieren: z.B. mit Salami, Jagdwurst oder gekochtem Schinken und Emmentaler, Gouda oder Edamer.

Für die Mayonnaise ist er wichtig, nur ganz frische Eier zu verwenden. Das reduziert die Gefahr einer Salmonelleninfektion.

»Event Cooking«

Ich muß oft an einen Party-Service-Einsatz denken, als von »Event Cooking« noch niemand sprach – und wir es schon machten. Der Kunde hatte für den Abend einen kleinen Zirkus samt Vorstellung gemietet. Rund um die Manege wurden Tische und Stühle aufgestellt und festlich eingedeckt. Dahinter wurden die Buffets und auch mehrere Grills aufgebaut. Bald herrschte eine fröhliche Stimmung. Es wurde geschlemmt und gegrillt, und die Clowns und Akrobaten zeigten ihre Kunst. Dann wurden die Löwengitter montiert und die Tiere hereingelassen. Qualm und Fleischduft, vielleicht auch das ungewohnte Geschirrklappern müssen die Löwen so irritiert haben, daß sie den Anweisungen des Dompteurs nicht mehr folgten. Sie rollten wild mit den Augen, brüllten und sprangen an die Gitter. Bald war das Chaos perfekt, manche Gäste reagierten beinahe hysterisch und verschanzten sich hinter der Salatbar. Wir rissen die Zeltwände auf, damit Rauch und Panik abziehen konnten. Irgendwie und irgendwann kehrte wieder Ruhe ein. Aber wir haben eines daraus gelernt: Wenn wir Löwen einsetzen, dann gibt's nur noch grünen Salat!

I bin zum verlieben
aber nicht zum Kriege

Rapunzelsalat mit Kartoffeldressing

In Bayern heißt er Feldsalat, in manchen Gegenden Ackersalat, Vogerl- oder Nüßlisalat – aber alle meinen die gleichen, sehr ergiebigen kleinen, dunkelgrünen Blätter...

Für 4 Personen:
2 große mehligkochende Kartoffeln, Salz
200 g Rapunzeln (Feldsalat)
etwa 1/8 l heiße Brühe (Instant)
1/2 TL Senf, Pfeffer, Zucker
1–2 EL Essig, 4 EL Öl
1 Schalotte, 1 kleiner Apfel
100 g gekochter Schinken
1 Bund Schnittlauch

190 kcal pro Person
etwa 1 1/4 Std.

❶ Die Kartoffeln schälen, waschen und in Stücke schneiden. In Salzwasser gar kochen und anschließend gleich durch die Kartoffelpresse drücken.
❷ Den Salat putzen, die Wurzeln dabei nicht abschneiden. Mehrmals gut waschen und trockenschleudern.
❸ Die durchgedrückten Kartoffeln mit der Brühe zu einer dickflüssigen, glatten Sauce verrühren. Mit Senf, Pfeffer, 2 Prisen Zucker, Essig und 3 EL Öl pikant abschmecken.
❹ Schalotte und Apfel schälen und in die Sauce reiben. Den Schinken in feine Streifen schneiden und im restlichen Öl kurz anbraten. Schnittlauch waschen und in Röllchen schneiden. Den Salat auf Teller verteilen, mit Dressing beträufeln und mit Schinken und Schnittlauch bestreuen.

So schmeckt's auch:

Rapunzelsalat verträgt sich gut mit
- *Streifen von Räucherlachs oder warmem geräuchertem Forellenfilet*
- *knusprig gebratenen Speckwürfeln*
- *gebratenen Puten- oder Hähnchenbruststreifen*
- *Croûtons, in Knoblauchbutter gebraten*
- *einer würzigen Vinaigrette*
- *Gorgonzolacreme mit gehackten Nüssen und Birnenspalten*
- *gebratenen Pfifferlingen*

Ein Sommersalat

Zum Genießen braucht's nicht viel: Man nehme einen schönen Sommertag, eine große Portion »Abschalten«, frisches Grün, etwas Brot und ein Glas kühlen Wein...

Für 4 Personen:
400 g gemischte Blattsalate
1 Bund gemischte Kräuter (z. B. Dill, Petersilie, Schnittlauch, Basilikum)
2 Fleischtomaten
200 g frischer Ziegen- oder Schafkäse
3 EL Rotweinessig
1 EL mittelscharfer Senf
3 EL Traubenkernöl
2 EL Sonnenblumenöl
Salz, Pfeffer, Zucker

260 kcal pro Person
etwa 1 Std.

❶ Salate putzen und mit den Kräutern und Tomaten gründlich waschen. Größere Salatblätter etwas zerzupfen, gut abtropfen lassen oder trockenschleudern. Die Tomaten in dünne Spalten schneiden. Den Käse klein würfeln. Die Kräuter sehr fein hacken.
❷ Für das Dressing den Essig mit Senf und Öl gut verschlagen. Mit Salz, Pfeffer und 2 Prisen Zucker abschmecken. Die Kräuter untermischen.
❸ Salat, Tomaten und Käse auf Tellern verteilen. Mit der Kräutersauce beträufeln und mit den Nüssen bestreuen.

Meine Tips!

- *Nehmen Sie immer Ihre Lieblingssalate! Gut geeignet sind Kopfsalat, Eichblatt, Batavia mit etwas Löwenzahn oder Rucola.*
- *Streuen Sie über den fertigen Salat etwa 50 g Nüsse, welche Sie gerade dahaben.*
- *Ganz gut schmeckt darunter noch etwas würzige Brunnen- oder Kapuzinerkresse (die mit den Blüten). Die Blüten sehen obendrauf sehr schön aus.*

Kartoffeln gehören nun einmal dazu

In Preußen, wo die Kartoffel im 18. Jahrhundert mühsam ihren Siegeszug antreten sollte, konnten die Menschen trotz Hunger und Krieg lange nichts mit den Knollen anfangen. Selbst als der »Alte Fritz« der ausgehungerten Festung Kolberg eine große Ladung Kartoffeln schickte, brachte der Bote als Antwort: »Diese Dinger haben weder Geruch noch Geschmack, nicht einmal die Hunde wollen sie fressen. Was sollen wir damit tun?«

Zum Glück wissen wir es heute besser. Deshalb haben wir früher Kartoffeln ab Oktober zentnerweise eingekellert. Auf dem Land und in großen Familien wird das heute noch praktiziert. Dafür braucht es aber einen dunklen, trockenen und luftigen Keller und die geeigneten Sorten (mittelfrühe oder späte). Bei den zunehmenden Single-Haushalten reicht oft ein Plastikpäckchen über Wochen, und manchmal fristen die letzten Knollen ein unverdientes, angefaultes und verschrumpeltes Dasein im Kühlschrank – wo sie sowieso nichts zu suchen haben…

Mein Kartoffelsalat

Am besten schmeckt Kartoffelsalat, wenn er lauwarm bzw. nicht ganz kalt ist. Ganz wichtig: Schön feucht muß er sein!

Für 4 Personen:
1 1/4 kg gleich große festkochende Kartoffeln
1 EL Kümmel, 2 Eier
80 g Räucherspeck
1 Zwiebel, 1 Apfel, 3 EL Öl
1/8 l gute gewürzte Fleischbrühe
1 EL scharfer Senf
3 EL Kräuteressig
Salz, Pfeffer, 1/2 TL Zucker
2–3 Gewürzgurken (aus dem Glas)
2–3 EL Gurkenwasser
1 Bund Schnittlauch
2 Tomaten

490 kcal pro Person
etwa 1 Std.

❶ Die Kartoffeln waschen und in Kümmelwasser in etwa 25 Min. garen. Anschließend gut ausdämpfen lassen, pellen und in Scheiben schneiden. Gleichzeitig die Eier hart kochen und abschrecken.
❷ Den Speck in kleine Würfel schneiden. Die Zwiebel schälen. Den Apfel vierteln und entkernen. Beides klein würfeln. Den Speck in 1 EL Öl knusprig ausbraten. Die Brühe erhitzen, Zwiebel, Senf, Essig, etwas Salz, reichlich Pfeffer und Zucker unterrühren.
❸ Brühe, Speck und restliches Öl unter die Kartoffeln heben. Die Gürkchen kleinschneiden und mit Gurkenwasser dazumischen. Nochmals abschmecken und zugedeckt durchziehen lassen.
❹ Die Eier pellen und vierteln. Schnittlauch und Tomaten waschen. Schnittlauch in Röllchen und Tomaten in Spalten schneiden. Den Salat abwechselnd mit Ei- und Tomatenspalten umkränzen, mit dem Schnittlauch bestreuen.

Für alle Fälle die richtige Knolle

Bei 130 Kartoffelsorten, die in Deutschland angeboten werden, haben Sie die Qual der Wahl. Für meinen Kartoffelsalat sollten Sie vorwiegend festkochende Kartoffeln verwenden.

Festkochende Kartoffeln, *auch Salatkartoffeln genannt, bleiben beim Kochen fest und sind deshalb ideal für Kartoffelsalat, Gratins, Bratkartoffeln, aber auch für Salzkartoffeln kann man sie verwenden.*

Vorwiegend festkochende Kartoffeln *sind die »Kartoffeln für alles«. Sie werden durch das Kochen etwas mehliger und trocken. Sie sind also gut für Salz,- Pell,- und Bratkartoffeln, aber auch für Röstis, Gratins, Aufläufe, Pommes frites, Suppen und Eintöpfe.*

Mehligkochende Kartoffeln *werden durchs Kochen sehr locker und lassen sich leicht zerdrücken. Werden sie in der Schale gekocht, springt diese auf. Sie sind ideal für Püree, Kroketten, Knödel, Puffer, Folienkartoffeln oder Suppen.*

Nudelsalat mit Pilzen

Hierfür können Sie eigentlich alle kurzen Nudeln wie Penne, Schmetterlinge, Hörnchen, Spiralen oder auch Hütchen nehmen.

Für 4 Personen:
250 g kurze Nudeln
Salz, 5 EL Olivenöl
250 g Pilze (z.B. Champignons, Egerlinge oder Austernpilze)
1 Zwiebel
2 Knoblauchzehen
50 g Rauke (Rucola) oder Rapunzeln (Feldsalat)
100 g Kirschtomaten
Pfeffer, 1 EL Butter
je 4 EL Rotweinessig und Orangensaft
je 1 TL Senf und Zucker

370 kcal pro Person
etwa 1 1/4 Std.

❶ Nudeln nach Packungsanweisung in reichlich Salzwasser mit 1 EL Öl bißfest kochen. Die fertigen Nudeln abgießen und kalt abschrecken.
❷ Von den Pilzen die harten Stiele abschneiden, die Hüte in Streifen schneiden. Zwiebel und Knoblauch schälen und fein hacken. Den Salat putzen, waschen und die Blätter etwas kleinzupfen. Die Tomaten waschen und halbieren.
❸ Restliches Öl in einer Pfanne erhitzen. Die Pilze braten, mit Salz und Pfeffer würzen und herausnehmen. In das Bratfett die Butter geben, Zwiebel und Knoblauch glasig andünsten. Essig, Saft, Senf und Zucker einrühren. Die Sauce nochmals abschmecken und mit den Nudeln, Pilzen, Rauke und Tomaten vermengen.

So schmeckt's auch:
Ganz edel wird der Nudelsalat mit gedünsteten Lachsstreifen statt Pilzen.

Mein Tip!
Meine vielen Gartenkräuter verwende ich jedes Jahr auch, um Estragonessig und Basilikumöl selber anzusetzen. Rezepte finden Sie auf den Seiten 134 und 135.

Schorschs Wurstalat

Ich sehe ihn noch in seiner Küche stehen, wie er mit knochigen Händen sorgsam und bedächtig die Fleischwurst in hauchdünne Scheiben schnitt…

Für 4 Personen:
1 Ring Fleischwurst (Lyoner)
3 Gewürzgurken (aus dem Glas)
2 kleine Zwiebeln
je 2 EL Senf und Meerrettich
4 EL Weinessig
4 EL Öl
3 EL Gurkenwasser
Salz, Pfeffer
je 1/2 TL Zucker und Paprika
2 EL gehackter Schnittlauch

435 kcal pro Person
etwa 1 1/4 Std.

❶ Die Wurst häuten und in dünne Scheiben schneiden. Die Gurken dünn aufschneiden. Die Zwiebeln schälen und in feine Ringe schneiden.
❷ In einer Schüssel den Senf, Meerrettich, Essig und Öl mit Gurkenwasser und etwas Wasser verrühren. Mit Salz, Pfeffer, Zukker und Paprika abschmecken.
❸ Wurst, Gurken und Zwiebeln mit der Marinade vermengen und 1 Std. durchziehen lassen. Mit Schnittlauch bestreuen. Dazu schmeckt kräftiges Bauernbrot mit Butter.

Rettichsalat
Ganz gut war auch immer sein Rettichsalat! Dafür 1 Rettich fein reiben und die Raspel fest durch ein Tuch ausdrücken. Den trockenen Rettich mit Sahne (oder Sahnejoghurt) geschmeidig rühren, mit Salz, Pfeffer und einigen Tropfen Zitronensaft abschmecken. Übrigens: den Rettichsaft nicht weggießen, sondern trinken. Er regelt sehr gut die Verdauung!

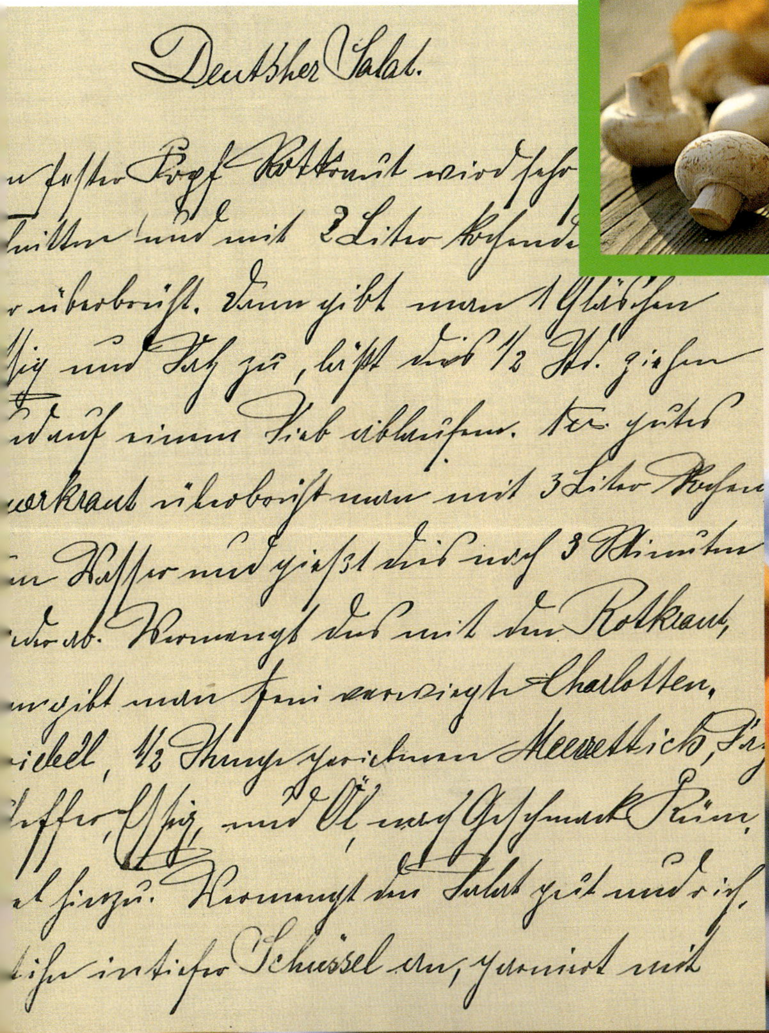
Deutscher Salat.

Vom Einfachen das Beste

Als bei unseren Altvorderen noch der geflügelte Spruch »Kartoffeln schmecken am besten, wenn man mit ihnen die Sau mästet und dann die Sau verspeist« umging, kannten sie zwar die Bedeutung der Knolle, aber keinesfalls die Vielfalt ihrer Zubereitung!

Mein Tip!

Für die Genußsüchtigen gibt's dazu noch Pfälzer Leberwurst, Gewürzgurken in Streifen und Rettichsalat (Seite 26).

Pellkartoffeln mit dreierlei Quark

Je mehr Quarksorten Sie auf den Tisch stellen, umso besser! Und wenn dann die Butter auf der heißen Kartoffel schmilzt: ein paar Krümel Salz dazu – es schmeckt einfach zu gut!

Für 4 Personen:
1 1/2 kg kleine mehligkochende Kartoffeln
2 TL Kümmel
1 kleine Zwiebel
1/2 Bund Radieschen
je 1 kleine rote und gelbe Paprikaschote
1 Bund gemischte Kräuter (z. B. Dill, Petersilie, Schnittlauch)
750 g Quark (20 %)
etwa 1/4 l Milch
Salz, Pfeffer, Paprikapulver

460 kcal pro Person
etwa 1 1/4 Std.

❶ Die Kartoffeln waschen, in einen Topf geben und knapp mit Wasser bedecken. 1 TL Kümmel dazugeben und in 20–25 Min. gar kochen. (Übrigens geben 2–3 Petersilienstengel zusätzlich im Kochwasser eine tolle Würze.)

❷ Die Zwiebel schälen. Die Radieschen und Paprikaschoten putzen, waschen und alles in feine Würfelchen schneiden. Die Kräuter waschen und hacken.

❸ Den Quark mit Milch geschmeidig rühren, mit Salz und Pfeffer abschmecken und auf drei Schüsseln verteilen. Unter einen Teil die Zwiebel- und Radieschenwürfel mit dem restlichen Kümmel mischen. Die Paprikawürfel und das -pulver unter die zweite Quarkportion rühren. Die Kräuter mit dem letzten Quark verrühren.

❹ Sind die Kartoffeln gar, das Wasser abgießen und die Knollen unter Schütteln gut ausdämpfen lassen. Die Kartoffeln in eine Schüssel füllen und mit dem Quark zu Tisch bringen.

Butter in Form

Geformte Butter gehört auch zu den Pellkartoffeln und ist ganz einfach herzustellen. Sollten Sie ein hübsches Model finden, greifen Sie zu. Mein Lieblingsmodel (mit einer Blume) ist noch von meiner Oma. Bei ihr gab es daraus immer die selbstgebutterte, herrlich weiße Ziegenbutter. Unser Opa hielt den großen runden Brotlaib vor die Brust und schnitt zum Erstaunen von uns Kindern in einem Zug immer ganz gleichmäßige Brotscheiben ab. Scheibchenweise wurde dann die Ziegenbutter darauf gelegt, und dazwischen glänzten manchmal noch kleine Wasserperlen…

So wird's gemacht: Das Förmchen unbedingt 1 Std. in kaltes Wasser legen, damit es aufquellen kann. Dann etwas weiche Butter mit einem Löffel in dem Motiv verstreichen, so daß es gut ausgefüllt ist. Nun die Form mit Butter bis zum Rand füllen. Dabei richtig festdrücken, damit sich keine Luftblasen bilden. Die Form für 10 Min. in das Tiefkühlgerät oder für 30 Min. in den Kühlschrank legen. Dann das Model mit dem Rand an die Tischkante klopfen, damit sich die Butter herauslöst. Noch ein Tip: Butter mit kleingehackten Kräutern (gut paßt Estragon) gemischt schmeckt sehr gut und sieht schön aus.

»Abschiedsworte an Pellka«

Jetzt schlägt deine schlimmste Stunde,
Du Ungleichrunde,
Du Ausgekochte, du Zeitgeschälte,
Du Vielgequälte,
Du Gipfel meines Entzückens.
Jetzt kommt der Moment des Zerdrückens
Mit der Gabel – sei stark!
Ich will auch Butter und Salz und Quark
Oder Kümmel, auch Leberwurst in dich stampfen.
Mußt nicht so ängstlich dampfen.
Ich möchte dich noch einmal erfreuen.
Soll ich auch Schnittlauch über dich streuen?
Oder ist dir nach Hering zumute?
Du bist ein so rührend junges Blut. –
Deshalb schmeckst du besonders gut.
Wenn das auch egoistisch klingt,
So tröste dich damit, du wundervolle
Pellka, daß du eine Edelknolle
Warst, und daß dich ein Kenner verschlingt.

JOACHIM RINGELNATZ

Krieg und Frieden: immer mit Kartoffeln

Die Urheimat des »eßbaren knolligen Nachtschatten« ist das Hochland Südamerikas. Für Inkas und Azteken waren die »papas« neben Mais das wichtigste Nahrungsmittel. Im 16. Jahrhundert wurde die Kartoffel nach Europa gebracht – und landete zunächst als Zierpflanze in botanischen Gärten.

Erst Preußens König Friedrich II. (der »Alte Fritz«) machte im 18. Jahrhundert die tolle Knolle zum Volksnahrungsmittel. Energisch, beharrlich und manchmal mit bewaffneter Hilfe seiner Dragoner bestand er darauf, weite Flächen im damaligen Pommern und Schlesien mit Kartoffeln zu bepflanzen.

1756 wurde der erste Befehl zum obligatorischen Anbau erlassen, und in der Order hieß es:

»Wo nur ein leerer Platz zu finden ist, soll die Kartoffel angebaut werden, da diese Frucht nicht allein sehr nützlich zu gebrauchen, sondern auch dergestalt ergiebig ist, daß die darauf verwandte Mühe sehr gut belohnt wird.«

Eierkartoffeln

»Morgens rund, mittags gestampft, abends in Scheiben, dabei soll's bleiben, es ist gesund.« JOHANN WOLFGANG VON GOETHE

Für 4 Personen:
750 g mehligkochende Kartoffeln
Salz
1 Zwiebel
1 Bund Petersilie
2 EL Butter
3 Eier
1/8 l Milch
Pfeffer, Muskat

230 kcal pro Person
etwa 35 Min.

❶ Die Kartoffeln schälen, waschen und in kleine Stückchen schneiden. In Salzwasser fast gar kochen (das dauert ab dem Kochen höchstens 15 Min.).
❷ Die Zwiebel schälen und klein würfeln. Die Petersilie waschen und hacken. In einer Pfanne die Butter erhitzen, zuerst die Zwiebel glasig andünsten und dann die Petersilie dazumischen.
❸ Eier und Milch verquirlen, mit Salz, Pfeffer und Muskat kräftig würzen. Die Kartoffeln abgießen, die Zwiebel-Eier-Mischung zu den Kartoffeln geben. 10–12 Min. zugedeckt im warmen Ofen (bei 80–100°) oder am Herdrand stokken lassen. Schmeckt ganz gut als Beilage zu Buletten, falschem Hasen (Hackbraten) oder Bratwurst.

So schmeckt's auch:

Vor den Zwiebeln und der Petersilie noch kleingeschnittene Wurst unter die Kartoffeln mischen. Mit einem knackigen Salat dazu haben Sie eine tolle und sättigende Mahlzeit.

Einfaches Kartoffelgratin

Ohne »Ablenkung« durch Knoblauch, Zwiebeln oder Käse schmeckt dieses schlichte Gratin besonders gut zu allen zarten Fleisch- oder Fischgerichten.

Für 4 Personen:
30 g Butter
1 kg vorwiegend festkochende Kartoffeln
200 g Sahne
knapp 1/2 l Milch
Salz, weißer Pfeffer
Muskat
Butter für die Form

375 kcal pro Person
etwa 1 Std. 20 Min.

❶ Den Backofen auf 180° vorheizen und eine flache, feuerfeste Form mit etwa 1 EL Butter ausfetten.
❷ Die Kartoffeln schälen, waschen und abtrocknen. In 2–3 mm dünne Scheiben schneiden und diese gleichmäßig in der Form verteilen.
❸ Die Sahne mit der Milch verrühren, kräftig mit Salz, Pfeffer und Muskat würzen. Diese Mischung über die Kartoffeln gießen und die Butter in kleinen Flöckchen darauf verteilen. Die Kartoffeln im Backofen (unten, Umluft 160°) 1 Std. backen. Wird die Oberfläche zu schnell braun, das Gratin mit Alufolie abdecken.

Chemie – auch beim Kochen…

denn »Maillard-Reaktion tritt ein beim Erhitzen von Lebensmitteln (Fleisch, Gemüse etc.) und ist das Bilden von Verbindungen aus Proteinen und Kohlenhydraten, welche zu einer Braunfärbung der Oberfläche (Kruste, knusprig) führen.« Genaueres bei Ekkehard Unger in »Auweia Chemie!«

Knusprige Bratkartoffeln

Allein schon der Duft von gebratenem Speck und Zwiebeln macht gewaltigen Appetit! Und die goldbraune Köstlichkeit gelingt mit meinem Rezept garantiert.

2

4

5

7

Für 4 Personen:
1 kg gleich große festkochende Kartoffeln
80 g Räucherspeck
2 Zwiebeln
3–4 EL Öl oder Butterschmalz
Salz, Pfeffer und Kümmel nach Belieben

325 kcal pro Person
etwa 40 Min. + Abkühlzeit

❶ Die Kartoffeln ungeschält mit Wasser bedeckt 20 Min. kochen und gleich pellen. Dann kalt werden lassen.
❷ Die kalten Kartoffeln in gleichmäßige Scheiben schneiden. Die Zwiebeln schälen und mit dem Speck in kleine Würfel schneiden.
❸ In einer möglichst schweren Pfanne (Eisen) das Fett heiß werden lassen.
❹ Zuerst die Speckwürfel, danach die Zwiebeln in Öl oder Butterschmalz anbraten. (Ich nehme das Gemisch mit einem Schaumlöffel wieder aus der Pfanne, da es sonst verbrennt. Erst wenn die Kartoffeln schön braun sind, kommt es wieder in die Pfanne.)
❺ Im heißen Bratfett die Kartoffeln von einer Seite braten. Erst wenden, wenn die Unterseite richtig schön braun ist (eventuell die Hitze etwas reduzieren).
❻ Nun die andere Seite knusprig braten (Hitze eventuell wieder erhöhen). Mit Salz und Pfeffer würzen. Wer Kümmel liebt, sollte damit nicht sparen (er macht übrigens Bratkartoffeln besser bekömmlich).
❼ Zum Schluß Speck und Zwiebeln unter die Kartoffeln mischen, alles durchschwenken und heiß servieren.

So schmeckt's auch:

Kleine Frühkartoffeln *schälen, waschen und trockentupfen. In einem Schmortopf reichlich Butterschmalz zerlassen und die Kartoffeln darin bei schwacher Hitze zugedeckt sanft brutzeln lassen. Zwischendurch den Topf rütteln, damit die Kartoffeln rundum schön goldbraun werden. Zum Schluß salzen. Außen haben sie eine Kruste, und das Innere zergeht auf der Zunge!*
Bratkartoffeln aus rohen Kartoffeln: *Dazu festkochende Kartoffeln (z.B. Sieglinde) schälen, in Scheiben schneiden und trockentupfen, damit sie nicht zusammenkleben. In reichlich heißem Fett (im Winter nehme ich gerne Gänseschmalz) die Scheiben braten. Das dauert etwa 40 Min., ist zwar sehr »mächtig«, aber wirklich gut!*
Das schmeckt zu Bratkartoffeln richtig gut:
– Spiegeleier oder Rühreier
– Brathering oder Matjes
– Bratwurst oder gebratene Blutwurst oder Leberkäse (Fleischkäse)
– Sülze und saurer Pressack
– Kasseler Rippchen und Sauerkraut
– gemischte Salate

Im Tagebuch von Onkel Edmund fand ich folgendes Gedicht:
»Vom ›Alten Fritz‹, dem Preußenkönig,
weiß man recht viel, doch viel zuwenig.
So ist es auch noch nicht bekannt,
daß er die Bratkartoffeln erfand.
Drum heißen sie, das ist kein Witz,
›Pommes Fritz‹!«

Omis Quarkkeulchen

Die besten Quarkkeulchen der Welt macht noch heute meine Mutter!

Für 4 Personen:
500 g Magerquark
800 g gekochte Pellkartoffeln
150 g Mehl
1 TL Backpulver
1/2 TL Salz
1 Päckchen Vanillezucker
100 g Rosinen
1 TL unbehandelte Zitronenschale
2 Eier
Butterschmalz zum Braten
Zimt und Zucker zum Bestreuen

530 kcal pro Person
etwa 1 1/2 Std.

❶ Den Quark abtropfen lassen. Die Kartoffeln pellen und fein in eine Schüssel reiben oder durch die Presse drücken. Das Mehl, Backpulver, den Quark, Salz, Vanillezucker, Rosinen und Zitronenschale dazugeben. Die Eier verquirlen und hinzufügen.
❷ Den Kartoffelteig kurz durcharbeiten (nicht zu lange, sonst wird die Masse zäh!) und auf einem bemehlten Brett zu einer ovalen, 6–8 cm dicken Rolle formen. In etwa 1 1/2 cm dicke runde Scheiben (Keulchen) schneiden und diese leicht flachdrücken.
❸ In einer großen Pfanne 2–3 EL Butterschmalz erhitzen und die Keulchen von jeder Seite 4 Min. goldbraun braten. Mit Zucker und Zimt bestreuen. Dazu schmeckt am besten Apfelmus oder ein Kompott (z. B. von Kirschen, Birnen, Äpfeln, oder Aprikosen).

Übrige Keulchen lassen sich gut wieder aufbraten, aber bei uns »verdunsten« sie meist schon vorher...

Getzn

So werden im Erzgebirge »Rösti« zubereitet: Kartoffeln mit Kümmel kochen, pellen und reiben, salzen. Etwas Speck klein würfeln und in einer mittelgroßen Pfanne mit Schmalz anbraten. 1 cm dick Kartoffelmasse eindrücken und 8 Min. nur von einer Seite braun backen. Mit der gebratenen Seite nach oben auf den Teller schieben und mit weicher Butter bestreichen. Dazu schmeckt immer ein frischer Kopfsalat.

Selbstgemachtes Apfelmus

Dafür koche ich in 1/4 l Wasser 1 Zimtstange, 1–2 Nelken, 1 langes Stück unbehandelte Zitronenschale und 100 g Zucker 5 Min. durch. 6–7 Äpfel (ca. 1 kg, das kann auch Fallobst sein) schälen, Kerngehäuse und schlechte Stellen entfernen. In Stücke schneiden, in ca. 10 Min. weich kochen. Noch heiß durch ein Sieb passieren.

Kartoffelpuffer

Frisch und heiß aus der Pfanne schmecken sie einfach am besten!

Für 4 Personen:
1 1/2 kg große mehligkochende Kartoffeln
1–2 Zwiebeln
2 Eier
2 EL Mehl
Salz
Öl oder Butterschmalz zum Braten

320 kcal pro Person
etwa 1 Std.

❶ Die Kartoffeln waschen, schälen und fein reiben. Die Zwiebel schälen und dazureiben (wer mag, kann sie auch in feine Ringe schneiden und unterrühren). Die Eier, das Mehl und etwa 1 TL Salz dazugeben und die Masse gut durchmischen.
❷ In einer oder auch in zwei Pfannen reichlich Öl oder Butterschmalz erhitzen und je Puffer 2 EL Kartoffelmasse hineingeben. Die Masse flachstreichen und bei mittlerer Hitze braten.
❸ Wenn der Teig nach etwa 4 Min. an den Rändern braun wird, die Puffer wenden. Nochmals 4–5 Min. braten, bis sie von beiden Seiten schön knusprig und braun sind. So fortfahren, bis der Teig verbraucht ist (natürlich müssen Sie zwischendurch immer wieder etwas Fett in die Pfanne geben).
Wissen Sie, was am besten auf den Puffern schmeckt? Apfelmus, Zucker mit Zimt gemischt, Rübenkraut (Sirup) oder Aprikosenmarmelade. Im Rheinland ißt man sie mit grünem Salat.

Wer gern deftig ißt, kann unter die Kartoffelmasse jeweils 150 g kleingeschnittene Knackwurst und rohes, kurzgeschnittenes Sauerkraut mischen.

Brotsuppe mit Leberwurst

1 Bund Suppengrün putzen und in kleine Würfel schneiden. 1 Zwiebel und 2 Knoblauchzehen schälen und kleinwürfeln. Einige Brotkanten oder dunkles Brot (etwa 300 g) kleinschneiden. Das Gemüse, Zwiebel und Knoblauch in etwa 1 EL heißem Schmalz andünsten. Das Brot dazugeben und mit gut 1 1/2 l heißer, gewürzter Brühe (Instant) ablöschen. Etwa 100 g pikante Leberwurst (Pfälzer, Thüringer Hausmacher) kleinschneiden und hinzufügen. Mit Kümmel, Majoran und Pfeffer abschmecken und auf jede Portion reichlich gehackten Schnittlauch oder Petersilie streuen.

Graupensuppe

250 g Graupen weichkochen, das Kochwasser abgießen. 2–3 Kartoffeln, 1 Kohlrabi, 2 Möhren und 1 Lauchstange schälen bzw. putzen und kleinschneiden. Das Gemüse in Salzwasser garkochen, das Kochwasser abgießen. Graupen dazugeben und mit kräftiger Brühe auffüllen. Mit Salz, Pfeffer, Streuwürze und Cayennepfeffer abschmecken. Nach Belieben gekochtes Rindfleisch, geräucherten Schweinebauch oder Brühpolnische in der Suppe ziehen lassen. Mit viel gehackter Petersilie servieren.

Übrigens: Graupen sind geschälte, geschliffene und polierte Gerstenkörner. Die groben werden auch Kälberzähne genannt, die mittleren sind die Perlgraupen.

Erbseneintopf

Ein deftiger Eintopf, der immer wieder schmeckt – aber bitte ohne das »Gewürz der Seligen« (so nennen Berliner scherzhaft ein angebranntes Essen) – und Erbsen brennen schnell an!

Für 6 Personen:
500 g ungeschälte grüne Erbsen
500 g magerer Schweinebauch und Spitzbein
100 g Räucherspeck und Speckschwartenreste
1 TL Majoran
2 Lorbeerblätter, Salz
2 Bund Suppengrün
2 große Kartoffeln
1 Zwiebel, Pfeffer, Streuwürze

585 kcal pro Person
etwa 2 1/4 Std. + Einweichzeit

❶ Die Erbsen über Nacht in 2 l kaltem Wasser einweichen.
❷ Die Erbsen mit dem Einweichwasser, Fleisch, Speck und Schwarten, Majoran, Lorbeerblättern und Salz in einem großen Topf zum Kochen bringen. Zugedeckt bei schwacher Hitze 2 Std. köcheln lassen, dabei öfter umrühren.
❸ Das Suppengrün putzen, Kartoffeln und Zwiebel schälen. Alles klein würfeln. 20 Min. vor Garende das Gemüse dazugeben.
❹ Das Fleisch herausnehmen, kleinschneiden (Knochen und Knorpel entfernen) und zurück in den Topf geben. Den Eintopf mit Pfeffer und Streuwürze kräftig abschmecken.

Schnell & gut

Kennen Sie Erbswurst gelb oder grün? Es gibt sie übrigens schon seit 1889! Die Erbsmasse wird zu einer Rolle gepreßt und in Papier gewickelt. Die »Wurstteile« einfach zerdrücken, kalt anrühren und mit heißem Wasser auffüllen, fertig!

Stampfkartoffeln mit verlorenen Eiern und Specksauce

Ein einfaches, schnelles und auch preiswertes Mittagessen. Bei uns wurde es deshalb früher vorzugsweise an »Waschtagen« aufgetischt.

Meine Tips!

Je nachdem, wie routiniert Sie in der Küche sind, bereiten Sie die Eier gleichzeitig mit der Sauce zu oder danach.

Oder Sie arbeiten zu zweit. Die Eier einzeln in eine Schöpfkelle schlagen, dann gleich in die fertige Sauce gleiten lassen und 10–12 Min. garen.

So schmeckt's auch:

Wenn Sie unter die Sauce noch 2–3 EL Senf rühren, haben Sie eine pikante Senfsauce. Oder die Sauce mit etwas Sahne verfeinern. Anstelle pochierter Eier schmecken auch hartgekochte Eier sehr gut.

Für 3–4 Personen:
800 g mehligkochende Kartoffeln
Salz
80 g fetter Speck
2 EL Öl
3 EL Mehl
1–2 Lorbeerblätter
Kräuteressig
1 EL Zucker, Salz, Pfeffer
knapp 1/2 l heiße Milch
Muskat
8 frische Eier

Bei 4 Personen
550 kcal pro Person
etwa 1 Std.

❶ Die Kartoffeln schälen, waschen, vierteln und in Salzwasser 25 Min. garen.

❷ Gleichzeitig den Speck klein würfeln, im heißen Öl ausbraten. Das Mehl einrühren und goldbraun anrösten. Unter Rühren soviel kochendes Wasser dazugießen, daß eine sämige Sauce entsteht. Die Lorbeerblätter 10 Min. mitköcheln lassen. Die Sauce mit 2–3 EL Essig, Zucker, etwas Salz und Pfeffer pikant abschmecken.

❸ Die gegarten Kartoffeln abgießen und gut ausdämpfen lassen. Mit einem Kartoffelstampfer grob zerstampfen, kleine Kartoffelstückchen dürfen dabei sein. Die Milch einrühren, mit Muskat abschmecken und den Topf (z. B. in der Sofaecke) warm stellen.

❹ Reichlich 1 l Wasser mit 3–4 EL Essig aufkochen. (Achtung! Kein Salz dazugeben, das Eiweiß »zerfasert« sonst, d.h., das Salz verzögert die Bindung des Eiweißes.) Die Eier einzeln in einer Tasse aufschlagen und nacheinander vorsichtig in das siedende Wasser gleiten lassen. Dabei immer das Eiweiß mit einem Löffel um das Eigelb hüllen, bis es fest wird. 4–5 Min. im Wasser ziehen lassen.

❺ Ist die Sauce fertig, je 2 pochierte (verlorene) Eier mit einer Schaumkelle herausheben und auf einen Teller legen. Mit der Sauce und den Stampfkartoffeln servieren. Ich streue immer noch viel frische Petersilie darüber, manchmal mische ich sie auch unter die Kartoffeln.

Eier von glücklichen Hühnern

Ein vertrauter Anblick, den ich nie missen möchte, sind für mich freilaufende Hühner. Wenn sie rundum zufrieden picken, scharren und gackern, vielleicht sogar auf einem Misthaufen, dann ist dort, Gott sei dank, die Hühnerwelt noch in Ordnung!

An frischen Eiern vom Bauernhof klebt manchmal noch ein Stückchen Mist, ein Halm vom Nest oder ähnliches. In Farbe und Größe sind echte Landeier oft sehr unterschiedlich. Wer das Glück hat, frische Eier direkt vom Hof oder auf den wöchentlichen Bauernmärkten in der Stadt zu kaufen, wird den aromatischen Geschmack – im Gegensatz zu den »tierischen Neben-(Quäl)produkten« aus Legebatterien – sicher zu schätzen wissen.

Gesunde Landluft,

Ziegenmilch, viel Möhrenbrei und eingebettet in die Liebe meiner Familie – wie man sieht, ist das der kleinen »Nunun« sehr gut bekommen…

Schaumomelett mit Schinken

Meine Familie verlangt hin und wieder nach Eiern mit Schinken. Da Rühr- und Spiegeleier sowieso »Eier-Seller« sind, gibt es zur Abwechslung ein Omelett.

Für 2–3 Personen:
150 g gekochter Schinken
4 frische Eier
1 gehäufter EL Speisestärke
1/8 l Milch
Salz
1 1/2 EL Butter
1/2 Bund gemischte Kräuter (z. B. Petersilie, Schnittlauch, Dill)

Bei 3 Personen
280 kcal pro Person
etwa 20 Min.

❶ Den Schinken in kleine Würfel schneiden. Die Eier trennen. Eiweiße mit den Quirlen des Handrührgeräts steif schlagen. Die Speisestärke, Milch, 2 EL Wasser und 2 Prisen Salz mit den Eigelben verrühren. Zum Schluß das Eiweiß unterheben.
❷ In einer großen Pfanne die Butter erhitzen, den Schinken darin kurz durchschwenken und verteilen. Die Eimasse einfüllen, glattstreichen und die Pfanne zudecken (Achtung! Ist die Pfanne zu klein, geht die Masse nach oben auf und hebt den Deckel). Das Omelett nur von einer Seite 10 Min. bei schwacher Hitze backen, bis die Oberfläche trocken und die untere Seite schön gelb geworden ist. Bitte nicht rühren.
❸ Inzwischen die Kräuter waschen, trockenschwenken und hacken. Das fertige Omelett auf eine Platte stürzen und mit gehackten Kräutern bestreuen.

Gefüllte Kräutereierkuchen

Wo es geht, verwende ich frische Kräuter. Selbst die Schnecken wissen, wie gesund sie sind.

Für 3–4 Personen:
5 frische Eier, 6 EL Mehl
1/4 l Milch, Salz
1 dicke Scheibe gekochter Schinken (etwa 200 g)
3 EL saure Sahne
weißer Pfeffer, Cayennepfeffer
2 EL gehackte gemischte Kräuter (Petersilie, Schnittlauch, Kerbel)
Butterschmalz zum Braten
Semmelbrösel

Bei 4 Personen
370 kcal pro Person
etwa 40 Min.

❶ 4 Eier in eine Schüssel schlagen, mit Mehl, Milch und 2 Prisen Salz verquirlen und 10 Min. quellen lassen.
❷ Den Schinken in kleine Würfel schneiden. Mit der sauren Sahne vermischen und mit Pfeffer, 2 Prisen Cayennepfeffer und den Kräutern würzen.
❸ Am besten in 2 mittelgroßen Pfannen etwas Butterschmalz erhitzen. Aus dem Teig 6 Eierkuchen backen. Leicht abkühlen lassen und jeweils 1 EL der Schinkenfarce darauf verteilen. Die Eierkuchen seitlich einschlagen, fest aufrollen und dann halbieren.
❹ Das letzte Ei auf einem Teller verschlagen und die Teigstücke durchziehen. Anschließend in den Semmelbröseln wälzen und diese gut festdrücken.
❺ In einer großen Pfanne nochmals Butterschmalz erhitzen. Die Röllchen nebeneinander einlegen und von beiden Seiten goldbraun braten. Mit Kopfsalat servieren.

Omas Kopfsalat

1 Kopfsalat putzen, waschen und etwas zerpflücken. 2 EL Butter leicht anbräunen und abkühlen lassen. 1 Zitrone, die Butter, Zitronensaft, 1/2 TL Salz und 1 1/2 EL Zucker mit dem Salat vermengen.

So schmeckt's auch:

Für Süßschnäbel das Omelett ohne Schinken backen. Dafür können Sie etwas abgeriebene Zitronenschale unter die Masse rühren. Das fertige Omelett mit Gelee (Zitrone, Grapefruit, Orange) bestreichen und zusammenschlagen. Auf eine längliche Platte schieben und mit Zucker bestreuen.

Qual der Wahl

Was mach ich nur mit den frischen Eiern? Kuchenbacken, Eierkuchen oder…

Bandnudeln mit Salbeibutter

Für dieses Gericht brauchen Sie unbedingt frischen Salbei. Und die Nudeln sollten nicht zu breit sein.

Für 4–6 Personen:
400 g Bandnudeln, Salz
100 g Butter (nach Belieben auch etwas mehr)
6–8 frische Salbeiblätter
Pfeffer
frisch geriebener Parmesan

Bei 6 Personen
390 kcal pro Person
etwa 30 Min.

❶ Reichlich Salzwasser aufkochen lassen und die Nudeln darin nach Packungsanweisung bißfest garen.
❷ Die Butter langsam erhitzen, leicht salzen und die Salbeiblätter darin kurz brutzeln lassen.
❸ Die Nudeln abgießen, mit der Butter verrühren, pfeffern und mit reichlich Käse bestreuen.

Knofel-Nuß-Spaghetti
gehen auch ganz schnell: 2–3 gehackte Knoblauchzehen in einer Butter-Olivenöl-Mischung andünsten. Dann gehackte Walnüsse und kleine Tomatenwürfel unter die gekochten Spaghetti mischen.

Nudelauflauf mit Tomatensauce

»Der Geist bringt Sterblichen die Liebe, der Magen aber bringt das Glück.«
JOSEF DORAT

Mein Tip!
Die Tomatensaison nutzen und Sauce auf Vorrat kochen. Dann portionsweise einfrieren. Beim Aufwärmen kleingezupfte Basilikumblätter oder frischen Oregano an die fertige Sauce geben.

Für 4–6 Personen:
400 g Hörnchennudeln
Salz, 2 Zwiebeln
40 g Räucherspeck
200 g Fleischwurst (Lyoner)
100 g Käse (z. B. Gouda)
2 EL Butter
1/2 l Milch, 5 Eier
Pfeffer, Muskat
800 g reife Tomaten (oder 2 Packungen Tomatenstücke à 370 g)
2 Knoblauchzehen
3 EL Olivenöl
2 EL Tomatenmark
Oregano, Zucker

Bei 6 Personen
650 kcal pro Person
etwa 1 1/2 Std.

❶ Die Nudeln in reichlich kochendem Salzwasser in 8 Min. bißfest kochen. Kalt abspülen und zur Seite stellen.
❷ 1 Zwiebel, Speck ohne Schwarte und Wurst in kleine Würfel schneiden. Den Käse grob raspeln. Den Backofen auf 200° vorheizen.
❸ 1 EL Butter erhitzen, Speck und Zwiebel leicht anbraten, die Wurst kurz mit durchschwenken. Die Milch mit den Eiern verquirlen, mit Salz, Pfeffer und Muskat kräftig würzen.
❹ Eine Auflaufform mit der restlichen Butter ausfetten, den Boden mit Nudeln bedecken. Die Hälfte Wurst und Käse darauf verteilen. Nudeln und restliche Wurst daraufgeben und mit Nudeln und Käse abschließen. Mit der Eiermilch begießen und im Ofen (Umluft 180°) 45 Min. backen.
❺ Inzwischen für die Sauce Tomaten überbrühen und häuten. Halbieren, fest auspressen und das Fruchtfleisch hacken. Zweite Zwiebel und Knoblauch schälen und klein würfeln. Das Öl in einem Topf erhitzen und beides darin andünsten. Tomaten und Tomatenmark dazugeben, mit 1 TL Oregano, Salz, Pfeffer und 1/2 TL Zucker würzen. Köcheln lassen, bis der Auflauf fertig ist.

Altbewährt in Küche und Apotheke

Frische gehackte Salbeiblätter sind eine gute Würze für fetten Aal, gebratene Leber und Fleischfüllungen.
Im Herbst schneide ich meinen Salbei ab und hänge ihn zum Trocknen auf. Die Blätter sind hervorragend für Tee.
Getrockneter Salbei würzt viel stärker als frischer, deshalb ist's besser, man verwendet ihn sparsam!
Getrocknete Salbeiblätter sind gut als Tee gegen Halsschmerzen, gegen Magen- und Darmbeschwerden, zum Inhalieren oder für Mundspülungen bei Zahnfleischentzündungen zu verwenden.

Ein Mäuseparadies

Viele Jahre habe ich auf Messen die Kunden und Gäste verschiedener Firmen kulinarisch betreut. Bei einer italienischen Firma gab es neben Parmaschinken und regionalen Schmankerln einen riesigen ganzen Parmesanlaib. Es brauchte die Kraft von zwei Männern, diesen schweren runden Laib waagerecht zu zerteilen. Jeder Besucher konnte sich mit dem Parmesanmesser aus den offenen Hälften bedienen. Am Ende der Messe blieben zwei schön ausgehöhlte, aber immer noch mit reichlich Käse versehene »Schüsseln« zurück. Zum Wegwerfen viel zu schade, fand ich, und schleppte freudig eine »Wagenradhälfte« nach Hause. Bei passender Gelegenheit wollte ich ein großes Nudelessen, direkt aus der »Parmesanschüssel«, zelebrieren. Also stellte ich den Käse gut verpackt auf den Vorratsschrank in die kühle Scheune. Das Nudelessen wurde mehrmals verschoben. Im Herbst wollte ich doch mal nach meinem Käse schauen. Da hechtete mit kühnem Sprung eine aufgescheuchte Maus über meinen Kopf, knallte an die gegenüberliegende Tür und blieb den Bruchteil einer Sekunde betäubt liegen. Zum Glück nicht lange genug für Kater Minka, der mir gefolgt war. Die Maus verschwand gerade noch rechtzeitig nach hinten durch die Scheune. Vor Schreck wäre ich fast von der Leiter gefallen. Gut, also die Maus ist weg, wie geht´s nun dem Käse? Ich sah zerfetztes Papier, Stoff, Käsekrümel – alles zu einem kuscheligen Mäusenest zusammengescharrt. Drei kleine Mäusebabys lagen darin, direkt im Käseparadies auf die Welt gekommen! Da blieb uns nichts anderes übrig, als den kostbaren Parmesan mitsamt Inhalt der Scheune und somit dem Lauf der Natur zu überlassen …

2

3

3

Altbewährt in Küche und Apotheke

Frische gehackte Salbeiblätter sind eine gute Würze für fetten Aal, gebratene Leber und Fleischfüllungen.
Im Herbst schneide ich meinen Salbei ab und hänge ihn zum Trocknen auf. Die Blätter sind hervorragend für Tee.
Getrockneter Salbei würzt viel stärker als frischer, deshalb ist's besser, man verwendet ihn sparsam!
Getrocknete Salbeiblätter sind gut als Tee gegen Halsschmerzen, gegen Magen- und Darmbeschwerden, zum Inhalieren oder für Mundspülungen bei Zahnfleischentzündungen zu verwenden.

Ein Mäuseparadies

Viele Jahre habe ich auf Messen die Kunden und Gäste verschiedener Firmen kulinarisch betreut. Bei einer italienischen Firma gab es neben Parmaschinken und regionalen Schmankerln einen riesigen ganzen Parmesanlaib. Es brauchte die Kraft von zwei Männern, diesen schweren runden Laib waagerecht zu zerteilen. Jeder Besucher konnte sich mit dem Parmesanmesser aus den offenen Hälften bedienen. Am Ende der Messe blieben zwei schön ausgehöhlte, aber immer noch mit reichlich Käse versehene »Schüsseln« zurück. Zum Wegwerfen viel zu schade, fand ich, und schleppte freudig eine »Wagenradhälfte« nach Hause. Bei passender Gelegenheit wollte ich ein großes Nudelessen, direkt aus der »Parmesanschüssel«, zelebrieren. Also stellte ich den Käse gut verpackt auf den Vorratsschrank in die kühle Scheune. Das Nudelessen wurde mehrmals verschoben. Im Herbst wollte ich doch mal nach meinem Käse schauen. Da hechtete mit kühnem Sprung eine aufgescheuchte Maus über meinen Kopf, knallte an die gegenüberliegende Tür und blieb den Bruchteil einer Sekunde betäubt liegen. Zum Glück nicht lange genug für Kater Minka, der mir gefolgt war. Die Maus verschwand gerade noch rechtzeitig nach hinten durch die Scheune. Vor Schreck wäre ich fast von der Leiter gefallen. Gut, also die Maus ist weg, wie geht´s nun dem Käse? Ich sah zerfetztes Papier, Stoff, Käsekrümel – alles zu einem kuscheligen Mäusenest zusammengescharrt. Drei kleine Mäusebabys lagen darin, direkt im Käseparadies auf die Welt gekommen! Da blieb uns nichts anderes übrig, als den kostbaren Parmesan mitsamt Inhalt der Scheune und somit dem Lauf der Natur zu überlassen …

2

3

3

Käse-Schinken-Terrine

Was machen Sie mit altbackenen Brötchen? Wieder aufbacken oder zu Bröseln reiben? Wie wär's mit einer herzhaften Terrine?

Für 1 Kastenform von 20 cm Länge:
2–3 altbackene Brötchen
3 Eier, 1/8 l warme Milch
Salz, Pfeffer, Muskat
Cayennepfeffer, Rosenpaprika, 100 g Gouda
200 g gekochter Schinken am Stück (ersatzweise Fleischwurst)
1/2 Bund Petersilie
2 EL gehackte Nüsse
1 TL weiche Butter und 1 EL Semmelbrösel für die Form

Bei 4 Personen
420 kcal pro Person
etwa 1 1/2 Std.

❶ Die Brötchen in kleine Würfel schneiden und in eine Schüssel geben. Die Eier trennen. Eigelbe und Milch verquirlen, kräftig würzen und über die Brötchen gießen. 30 Min. quellen lassen.

❷ Den Käse grob raspeln und den Schinken klein würfeln. Die Petersilie waschen und hacken. Die Kastenform mit Butter ausfetten und mit den Semmelbröseln ausstreuen. Den Backofen auf 220° vorheizen.

❸ Die Eiweiße steif schlagen. Käse, Schinken, Petersilie und Nüsse unter die Brötchen mengen. Die Masse abschmecken, den Eischnee unterheben und alles in die Form füllen. Die Form in die Saftpfanne des Backofens (oder irgendein flaches Gefäß auf das Gitter) stellen, zwei Fingerbreit heißes Wasser angießen und die Terrine im heißen Ofen (Umluft 200°) 45–50 Min. backen. Vor dem Stürzen kurz ruhen lassen, dann in Scheiben aufschneiden und z. B. mit einem Tomatensalat servieren.

Delikatessen aus dem Wald

Aller vier Jahre wachsen die Pilze nach einer Bauernregel besonders gut, und wenn in einem solchen Pilzjahr die Körbe voll sind, dann gibt es zuerst eine große Pfanne geschmorter Pilze. Kleine feste Pilze sortiere ich vorher aus und lege sie pikant ein. Andere werden in dünne Scheiben geschnitten und getrocknet. Oder ich brate einen Teil an (ohne Gewürze und Zwiebeln!) und friere sie portionsweise ein.

Semmelknödel mit frischen Waldpilzen

Beim Pilzesammeln genieße ich die Stimmung im Wald, das Licht, die Stille – und immer wieder entdeckt man Neues: Moos, Zapfen, abgestorbene und wieder bevölkerte Baumstümpfe oder auch Tierspuren…

Für 4–6 Personen:
Für die Knödel:
6–8 altbackene Brötchen
1/4 l heiße Milch
2 Bund Petersilie
Salz, 1 Zwiebel, 1 EL Butter
1 TL abgeriebene unbehandelte Zitronenschale
Pfeffer, Muskat, 4 Eier
Für die Pilze:
etwa 700 g gemischte Waldpilze
1 Zwiebel, 3 EL Butter
Salz, Pfeffer, 1/2 EL Mehl
1/4 l Fleischbrühe
250 g Sahne

Bei 6 Personen
470 kcal pro Person
2–3 Std.

❶ Die Brötchen in dünne Scheiben schneiden und in eine große Schüssel geben. Mit der Milch begießen und und zugedeckt 30 Min. quellen lassen. Die Petersilie waschen und hacken.
❷ In einem weiten Topf reichlich Salzwasser zum Kochen bringen. Die Zwiebel schälen und klein würfeln. Die Butter erhitzen, die Zwiebelwürfel glasig andünsten und zur Seite stellen.
❸ Die Semmelmasse mit Zitronenschale, Pfeffer, Muskat, Salz, Eiern, der Hälfte Petersilie und der Zwiebel gut vermengen. Mit angefeuchteten Händen kleine Knödel formen und in das siedende Wasser legen. Bei schwacher Hitze 20 Min. ziehen lassen. (Knödel dürfen niemals kochen, sonst zerfallen sie!)
❹ Inzwischen die Pilze putzen und kleinschneiden. Die Zwiebel schälen und fein würfeln. Die Butter erhitzen, die Zwiebel darin andünsten. Die Pilze dazugeben, mit Salz und Pfeffer würzen. Alles gut durchschwenken und 8 Min. dünsten.
❺ Die Pilze mit dem Mehl bestäuben, die Brühe und Sahne einrühren und alles 12–15 Min. köcheln lassen, bis die Sauce schön sämig geworden ist. Mit der restlichen Petersilie bestreuen und mit den Semmelknödeln servieren.

Pilze suchen

ist schöner als Pilze essen, das meint jedenfalls die halbe Familie! Ich liebe beides. Schon als Kinder sind wir losgezogen und haben Pilze und Beeren gesammelt. Butterpilze, Maronen, Birkenpilze, echte Reizker, Pfifferlinge, Hallimasch, Steinpilze…

Meine Tips!

Umgang mit selbstgesuchten Waldpilzen

Wenn Sie unsicher sind, dann rate ich folgendes:
♡ Lassen Sie Ihre »Schätze« bei einer Pilzberatungsstelle bestimmen.
♡ Nehmen Sie ein gutes Pilzbuch mit in den Wald und sortieren Sie an Ort und Stelle – vor dem Ernten – aus. So verwechseln Sie nicht Champignons mit Knollenblätterpilzen, und die schönen roten Fliegenpilze lassen Sie auch stehen, beide sind hochgiftig! Zum Glück sind etwa nur 2 % aller Pilze giftig, und man kann sie von den »echten« ganz gut unterscheiden.
♡ Oder Sie kaufen frische Waldpilze gleich auf dem Markt.
♡ Mit Zuchtpilzen (Egerlingen, Champignons, Austernpilzen, Shiitake) können Sie das ganze Jahr über leckere Pilzgerichte zubereiten.

Resteküche

♡ Übriggebliebene Knödel und auch alle frischen Knödel und Klöße (nicht nur Semmelknödel) schmecken auf folgende Art sehr gut: In Scheiben schneiden und in Butterschmalz aufbraten. Zusätzlich können Sie noch verquirltes Ei darübergießen.
♡ Oder Sie machen einen ***Knödelsalat****, dafür die gewürfelten, lauwarmen Knödel mit Salz, Pfeffer, Essig, Zucker, Zwiebelwürfeln und goldbraun zerlassener Butter vermischen und durchziehen lassen. Mit Schnittlauch bestreut servieren.*
♡ Bleiben geschmorte Pilze übrig, müssen Sie die Reste nicht wegwerfen. Am besten die restlichen Pilze rasch abkühlen lassen, in den Kühlschrank stellen und später nochmals kräftig (über 70°) erhitzen. Aber nur einmal!

RINDERBRÜHE

Eine kräftige Rinderbrühe habe ich immer vorrätig. Am liebsten trinken wir sie frisch gekocht mit Ei. Brühe und Fleisch werden für Suppe oder Eintopf – oder auch für Fondue oder Tafelspitz – hergenommen. Und den Rest friere ich portionsweise ein.

Für etwa 4 l Brühe:
1 kg kleingehackte Rinderknochen und 2–3 Markknochen
1 kg Rindfleisch (Brustkern, Beinscheibe)
2 Zwiebeln, 3 Möhren
1 Stange Lauch
2 Petersilienwurzeln
1 Stück Knollensellerie
einige Stengel Petersilie und Liebstöckel
2–3 Lorbeerblätter
6 Wacholderbeeren
10 Pfefferkörner
4 Pimentkörner
1 getrocknete Chilischote
Salz, Pfeffer, Muskat, Streuwürze
Petersilie und Schnittlauch zum Servieren

INSGESAMT 160 KCAL
ETWA 4 1/2 STD.

❶ Die Knochen waschen und mit dem Fleisch und 4–5 l kaltem Wasser in einen großen Topf geben. Aufkochen lassen und dabei öfter den Schaum abschöpfen. Die Hitze reduzieren, die Brühe darf nicht kochen, sondern nur knapp unter dem Siedepunkt ziehen (sonst wird sie trüb).
❷ Die Zwiebeln ungeschält halbieren, die Schnittflächen in einer Pfanne ohne Fett kräftig anrösten. Das Gemüse putzen, waschen und grob zerschneiden. Alles mit den Gewürzen zur Brühe geben und offen etwa 4 Std. ziehen lassen.
❸ Ist das Fleisch gar, zusammen mit den Möhren herausnehmen und etwas abkühlen lassen. Die Brühe durch ein feines Sieb, das mit einem sauberen Küchentuch ausgelegt ist, gießen. Die Reste wegwerfen.
❹ Frische Trinkbrühe mit Salz, Pfeffer, Muskat und etwas Streuwürze abschmecken. Viel kleingehackte Petersilie oder Schnittlauch darüber streuen. Das Fleisch klein würfeln und als Suppeneinlage nehmen. Oder mit etwas Brühe einfrieren. Die Möhren ebenfalls würfeln oder ausstechen (das sieht zusammen mit Eierstich sehr schön aus).

Meine liebsten Suppeneinlagen

Pfannkuchenstreifen
Aus 2 Eiern, 1/4 l Milch, 100 g Mehl und etwas Salz einen Teig rühren. 10 Min. quellen lassen. Nach und nach in heißem Butterschmalz kleine Pfannkuchen backen. Diese fest aufrollen und in dünne Streifen schneiden. Mit Schnittlauchröllchen in Suppentassen verteilen und mit heißer Brühe begießen.

Eierstich
2 Eier mit 4 EL Milch und 1 EL gehackter Petersilie verquirlen. Mit Salz, Pfeffer und Muskat würzen und in eine kleine gebutterte Schüssel gießen. Zugedeckt im heißen Wasserbad in 35 Min. stocken lassen. Eierstich in Scheiben schneiden und kleine Motive ausstechen oder würfeln.

Kalbsbrätnocken
200 g rohes Kalbsbrät mit 1 Ei und 1 EL gehackten Pistazien mischen. Mit weißem Pfeffer und Muskat würzen. Mit feuchten Löffeln Nocken abstechen und in siedender Brühe 20 Min. ziehen lassen. Die Nocken in Teller legen und mit gewürzter Rinderbrühe begießen. Dann ganz fein geschnittene weiße Lauchringe darüber streuen.

Aus meinem Gemüsegarten

Löffeln Sie auch so gern einen frischen Gemüseeintopf? Und wie gut schmecken zarte Möhrchen oder junger Kohlrabi – da braucht es manchmal nicht viel mehr dazu.

Grüne Bohnen-Eintopf

Den Eintopf mit Lamm oder Rindfleisch kochen? Beides schmeckt gut, doch meist geht das Lamm als Sieger hervor...

Für 4 Personen:
500 g Lammfleisch (Nacken, Brust)
1 Bund Suppengrün
2 Zwiebeln, 1 Lorbeerblatt
8 Pfefferkörner, Salz
600 g grüne Bohnen
3 große Kartoffeln
60 g Räucherspeck
1 Bund Bohnenkraut (oder 1 EL getrocknetes)
1 Bund Petersilie
1 EL Butter, 1 EL Mehl
Streuwürze oder Kräutersalz, Pfeffer

720 kcal pro Person
etwa 2 Std.

❶ Das Fleisch in einen Topf geben, mit etwa 1 1/2 l kaltem Wasser zum Kochen bringen. Inzwischen Suppengrün putzen, Zwiebeln schälen. Fleischbrühe abschäumen und das Gemüse, 1 Zwiebel, Lorbeerblatt, Pfefferkörner und etwas Salz zum Fleisch geben. Gut 1 Std. zugedeckt köcheln lassen, bis das Fleisch weich ist.

❷ Inzwischen die Bohnen waschen, putzen und in 3–4 cm lange Stücke schneiden. Die Kartoffeln schälen und in kleine Stücke schneiden. Die zweite Zwiebel und den Speck klein würfeln.

❸ Das gekochte Fleisch aus der Brühe nehmen, die Brühe durch ein Sieb in einen zweiten Topf gießen. Darin Bohnen und Bohnenkraut etwa 10 Min. kochen. Die Kartoffeln weitere 10–15 Min. mitkochen, bis alles gar ist. Inzwischen Petersilie waschen und hacken.

❹ Das Fleisch in kleine Stücke schneiden, zu den Bohnen geben. Speck- und Zwiebelwürfel in der Butter in einer Pfanne anbraten, mit dem Mehl bestäuben und unter Rühren mit etwas Brühe aufgießen. Durchköcheln lassen. Gebundene Brühe in den Bohneneintopf rühren, Bohnen damit binden. Nochmals abschmecken und mit Petersilie bestreuen. Dazu gibt's Brot.

Kartoffelsuppe

Dauerbrenner zum Löffeln – dazu gehört in jedem Fall meine Kartoffelsuppe.

Meine Tips!

Wenn Sie Speckreste haben, in den Topf damit. Übrigens schmeckt die Suppe nach jedem Aufwärmen besser!

Suppenreste mit Sahne verfeinern und als Vorsüppchen servieren.

Dann noch kleine, geröstete Brotwürfel darüber streuen.

Für 4–6 Personen:
1 kg Kartoffeln, 3 Möhren
1/2 kleine Sellerieknolle
1 Zwiebel
2 Petersilienwurzeln
2 Lauchstangen
etwa 2 l Fleischbrühe (selbstgekocht, Seite 50, oder Instant)
je 1/2 TL Majoran, Thymian, Kümmel, Streuwürze, 1 Bund Petersilie, Muskat, Pfeffer
Wiener, Fleischwurst oder Debrecziner nach Belieben

Bei 6 Personen
135 kcal pro Person
etwa 1 1/2 Std.

❶ Kartoffeln und Gemüse schälen, bzw. putzen und waschen. Alles in grobe Stücke schneiden und in einen großen Topf geben. Die Brühe dazugießen, mit Majoran und Thymian würzen. Aufkochen und zugedeckt bei mittlerer Hitze 25 Min. köcheln lassen. Inzwischen Petersilie waschen und hacken.

❷ Die Kartoffelsuppe mit dem Pürierstab leicht pürieren. Sie soll noch Kartoffel- und Gemüsestückchen enthalten. Kümmelkörner im Mörser zerstoßen. Suppe mit Kümmel, Streuwürze, Muskat und Pfeffer abschmecken.

❸ Mit Petersilie bestreuen und je nach Vorliebe mit gewürfelter oder in Scheiben geschnittener Wurst servieren. Dazu schmecken Topinki (Seite 12) oder kräftiges Bauernbrot.

So schmeckt's auch:

Das gewürfelte Gemüse zuerst in Speck und Schweineschmalz andünsten, dann erst die Brühe zugießen. Zum Schluß gebratene Speck- und Zwiebelwürfel hinzufügen.

Der (ge-)wichtige Kümmelspalter

Kurz nach Beginn unserer Lehrzeit bekam der sensible und verträumte Bernhard den Auftrag, vom berühmten »Auerbachs Keller« in Leipzig einen Kümmelspalter abzuholen.

Die älteren Lehrlinge grinsten schon verstohlen, aber der nichtsahnende Bernhard trabte los. Nach einiger Zeit kam er mit rotem Kopf und schnaufend zurück. Er schleppte zwei riesige und gut verschnürte Pakete in die Küche. »Das nächste Mal nehme ich aber den Handwagen mit, war das eine Plackerei! «

Kein Wunder, daß er sich schwertat: Zum »Kümmelspalten« hatten die Köche von »Auerbachs Keller« Ziegelsteine, Eisengewichte und eine Axt eingepackt. – Solche Pakete wandern sicher noch heute zwischen vielen Küchen hin und her…

KÜRBISCREMESÜPPCHEN

Ich finde Kürbisse wunderbar: Roh schmecken sie zwar fast nach nichts – aber gekocht, geschmort, gebacken oder pikant eingelegt entwickeln diese Gartenriesen große Gaumenfreuden!

Für 2–4 Personen:
600 g festes Kürbisfleisch (geputzt gewogen; siehe Seite 57)
2 EL Butter
400 ml Hühnerfond (aus dem Glas), 100 g Sahne
Salz, Pfeffer, je 2 Prisen Zucker und Cayennepfeffer
Muskat, frisch gerieben
2 EL Noilly Prat (franz. Wermut), 2 EL Kürbiskerne
2 EL Kürbiskernöl

440 KCAL PRO PERSON
ETWA 35 MIN.

❶ Das Kürbisfleisch in Würfel schneiden und 5 Min. in der Butter andünsten. Den Fond und einen Schuß Wasser dazugießen, aufkochen und den Kürbis etwa 8 Min. köcheln lassen, bis er weich ist.
❷ Die Sahne hinzufügen und alles mit dem Pürierstab kurz pürieren (kleine Stückchen sollten aber noch dabei sein). Mit den Gewürzen und dem Noilly Prat abschmecken.
❸ Die Kürbiskerne in einer trockenen Pfanne leicht anrösten und mit dem Öl auf jeder Portion verteilen.

So schmeckt's auch:
Anstelle Noilly Prat trockenen Weißwein nehmen. Außerdem kleine, in Butter geröstete Weißbrotcroûtons über die Suppe streuen.

KOHLRABI-EINTOPF MIT WURSTKLÖSSCHEN

Kaufen Sie junge Kohlrabi mit frischem Grün, denn das kommt mit in die Suppe. Die jungen Blätter haben nämlich weit mehr Nährstoffe als die Knolle selbst!

Das Witzige ist, daß, rein botanisch gesehen, die Kohlrabiknolle einfach die runde Verdickung des Stengels ist. Kaufen Sie nur glatte Knollen und ohne Risse, andere sind nämlich meist alt und holzig.

Für 4 Personen:
4 Kohlrabi (etwa 1 kg)
1–2 Möhren, 3–4 Kartoffeln
1 Lauchstange, 2 EL Butter
etwa 1 1/2 l Fleischbrühe (selbstgekocht, Seite 50, oder Instant)
4 rohe Kalbsbratwürste im Naturdarm
Salz, Pfeffer, Muskat, Cayennepfeffer
1 Bund gemischte Kräuter (z.B. Petersilie, Dill, Schnittlauch)

470 KCAL PRO PERSON
ETWA 1 1/2 STD.

❶ Die Kohlrabi schälen, die jungen Blätter zur Seite legen. Möhren und Kartoffeln schälen, den Lauch putzen und alles kleinschneiden.
❷ Die Butter in einem Suppentopf erhitzen, das Gemüse 3 Min. darin andünsten. Die Brühe dazugießen und alles zugedeckt 10–12 Min. köcheln lassen.
❸ Aus den Bratwürsten etwa walnußgroße Klößchen direkt aus dem Darm in den Eintopf drücken und 10 Min. darin ziehen lassen.
❹ Inzwischen die Kohlrabiblätter und Kräuter waschen und in feine Streifen schneiden bzw. hacken. Eintopf mit den Gewürzen abschmecken, Blätter und Kräuter unter das fertige Gericht mischen.

So schmeckt's auch:
Manchmal nehme ich statt Wurstklößchen auch Hähnchenkeulen. Die Keulen würzen und rundum in Öl anbraten. Gemüse und Brühe dazugeben und 20–25 Min. köcheln lassen.

Harte Schale, weicher Kern

Sie brauchen ein solides Messer, um ans Kürbisfleisch ranzukommen. Von 1 kg Kürbis bleiben nach dem Putzen etwa 600 g Fruchtfleisch übrig. Neben der Schale auch Kerne und das faserige Innere entfernen! Sie können die Kürbissaison verlängern, wenn Sie Kürbis auf Vorrat kochen, zu Mus pürieren und portionsweise z. B. für Suppe einfrieren.

Schwarzwurzelsalat

Die geschälten Wurzeln bleiben schön weiß, wenn sie in Milch oder in Wasser, das Sie mit etwas Mehl, Essig oder Zitronensaft vermischen, gelegt werden.

Für 4 Personen:
500 g Schwarzwurzeln
Essig, Salz
2 Prisen Zucker
150 g gekochter Schinken
1 kleine rote Zwiebel
1 Bund gemischte Kräuter (z. B. Dill, Petersilie, Schnittlauch)
5 EL Öl (davon 1 EL Nußöl)
1 TL Senf
Pfeffer

180 kcal pro Person
etwa 1 Std.

❶ Die Schwarzwurzeln waschen, mit einem Sparschäler unter fließendem Wasser schälen. Geschälte Stangen sofort in Essigwasser legen, damit sie sich nicht dunkel verfärben. Etwa 1 1/2 l Wasser aufkochen lassen. Mit 6 EL Essig, Salz und 1 TL Zucker würzen. Die Wurzeln darin zugedeckt in 15–20 Min. weich kochen und in einem Sieb abtropfen lassen. Anschließend schräg in kleine Scheiben schneiden und abkühlen lassen.
❷ Inzwischen den Schinken in Streifen schneiden. Die Zwiebel schälen und klein würfeln. Die Kräuter waschen und hacken.
❸ Das Öl mit Zwiebeln, Senf, Pfeffer, etwas Salz, Zucker und den Kräutern verrühren. Mit dem Schinken unter die Schwarzwurzeln mischen und zugedeckt 20 Min. durchziehen lassen. Dazu schmeckt frisches Weißbrot.

Meine Tips!

Die Stangen müssen gründlich geschält werden. Kaufen Sie nur ganze Wurzeln. Bei angebrochenen Stangen tritt ein klebriger und milchiger Saft aus, der beim Schälen an den Fingern haftet. Diesen Saft (übrigens der Geschmacksträger) können Sie gut mit Zitronensaft oder Nagellackentferner wieder von den Händen reiben.

Ich wasche die Wurzeln erst und schäle sie dann zur Häfte mit einem Sparschäler unter fließendem Wasser, damit sie nicht dunkel werden. Dann den Rest schälen und in das Wasser legen.

Schwarzwurzeln in Sahne

»Streng genommen hat nur eine Sorte Bücher das Glück unserer Erde vermehrt: die Kochbücher.« JOSEPH CONRAD

Für 4 Personen:
800 g Schwarzwurzeln
4 EL Essig, Salz, 1 TL Zucker, Streuwürze
200 g Sahne
100 ml Hühnerbrühe (Instant)
Pfeffer, Muskat
Zitronensaft nach Belieben
1/2 Bund Petersilie

265 kcal pro Person
etwa 1 1/2 Std.

❶ Die Schwarzwurzeln wie oben beschrieben schälen und sofort in Essigwasser legen. Sind alle Stangen geschält, nochmals abspülen und abtropfen lassen. In 2–3 cm lange Stücke schneiden. Dickere Wurzeln längs vierteln.
❷ Reichlich Wasser aufkochen lassen, mit Salz, Essig und Zucker würzen. Die Wurzeln zugedeckt in 25 Min. garen.
❸ Sahne mit Hühnerbrühe in einem Töpfchen etwas einköcheln lassen. Mit Salz, Streuwürze, Pfeffer, Muskat und eventuell Zitronensaft abschmecken. Petersilie waschen und hacken.
❹ Die weichen Wurzeln durch ein Sieb abgießen und in eine Schüssel geben. Die Petersilie unter die Sahnesauce mischen und über die Wurzeln gießen. Sie schmecken besonders gut zu Fisch und hellem Fleisch.

Einfrier-Tip:

Die Stangen wie beschrieben zubereiten. In Eiswasser abschrecken und gut abtropfen lassen. Portionsweise einfrieren, sie halten sich ca. 1/2 Jahr.

An der schwarzen Wurzel gepackt

Schwarzwurzeln machen ein bißchen Arbeit, bieten aber reichlich Genuß. Die weichen, markigen Stangen sind weder faserig noch holzig, und man kann aus ihnen Suppen, Salate, Ragouts und die tollsten Beilagen machen.

Die Ahnen unserer heutigen Schwarzwurzel waren übrigens die hellschalige Haferwurzel und die schon im Altertum bekannte Wildpflanze Scorzonera hispanica. Vermutlich kamen die ersten Schwarzwurzeln aus Spanien, deshalb waren sie auch lange unter dem Namen »Scorzonerwurzel« bekannt. Escorzonera bedeutet in Spanien »schwarze Viper«, und die Wurzel wurde tatsächlich als Gegengift beim Biß der katalanischen Viper verwendet.

Schwarzwurzeln, auch »Spargel des kleinen Mannes« oder Winterspargel genannt, sind ab Mitte Oktober bis April auf dem Markt. Sie enthalten reichlich Mineralstoffe, besonders Eisen, Kalzium, Vitamin E sowie leicht verdauliche Kohlenhydrate und bekömmliches Eiweiß.

Einfaches Möhrengemüse

Möhren habe ich eigentlich immer im Haus. Wir essen sie roh, ich presse Saft daraus oder schnipple sie für Süppchen oder Eintöpfe.

Für 3–4 Personen:
700 g Möhren
Salz, Zucker
1/2 TL Kümmel
1 Bund Petersilie
3 EL Butter
1 1/2 EL Mehl
1/4 l heiße Milch
Pfeffer, Streuwürze oder Kräutersalz

155 kcal pro Person
etwa 35 Min.

❶ Die Möhren waschen, schälen und in Scheiben schneiden. Mit Wasser bedecken und mit 1 Prise Salz, 1 TL Zucker und Kümmel würzen. Aufkochen lassen und zugedeckt 10 Min. kochen. Anschließend in ein Sieb schütten, das Kochwasser auffangen.
❷ Die Petersilie waschen und hacken. Die Butter erhitzen und das Mehl einrühren. Mit der Milch und soviel Möhrenwasser auffüllen, daß eine sämige Schwitze entsteht. Gut durchrühren und 3 Min. köcheln lassen. Mit Pfeffer, Kräutersalz oder Streuwürze und 2 Prisen Zucker pikant abschmekken. Möhren und Petersilie unter die Sauce mengen und das Gemüse zu gebratenen Koteletts, Buletten oder Rouladen (Seite 105) servieren.

Mein Tip!

Wollen Sie auf die Mehlschwitze verzichten, die Möhren nur halbgar kochen und dann in einem Butter-Ölgemisch gar dünsten.

Glasierte Möhrchen

Eine glänzende Beilage zu feinem Geflügel, Fleisch oder auch Fisch.

Für 4 Personen:
1 Bund junge Möhren (etwa 500 g)
2 EL Butter
1–2 EL Zucker
1/8 l Gemüsefond (aus dem Glas)
Salz, Pfeffer

90 kcal pro Person
etwa 30 Min.

❶ Das Grün der Möhrchen bis auf 2 cm abschneiden. Die Möhren gut waschen, eventuell dünn schälen.
❷ Butter erhitzen, darin den Zucker schmelzen lassen. Die Möhren darin andünsten, Fond zugießen. Bei schwacher Hitze köcheln lassen, bis der Fond sirupartig eingekocht ist. Die Pfanne öfter rütteln, damit die Möhrchen rundum schön glänzen. Mit Salz und Pfeffer würzen.

Rohkostsalat

Aus geraspelten Möhren und Äpfeln einen Salat mischen, mit etwas Zitronensaft, saurer Sahne, eingeweichten Rosinen, gehackten Nüssen, etwas Zucker und Pfeffer abschmecken – ein toller Vitamin A-Spender.

Genuß in Gelbrot

Regional heißen sie Mohrrüben, gelbe Rüben, Wurzeln oder auch Karotten (doch damit sind eigentlich nur die kleinen runden Pariser Karotten gemeint). Die jungen, zarten Möhren, die ich im eigenen Garten ernte und die es im Frühjahr mit Grün zu kaufen gibt, knabbern Sie am besten roh. Und nicht schälen, sondern nur gut waschen, denn das gesunde Beta-Carotin steckt vor allem in der Schale.

»Indische Möhren«

Während des Krieges waren in unserer Stadt kriegsgefangene Inder untergebracht. Meine Mutter fütterte mich fast täglich mit frischen Möhren aus Omas Garten. Dadurch hatte ich eine sehr gesunde, leicht rötlich-braune Hautfarbe. Die Leute fragten meine Mutter beim Spazierenfahren: »Haben Sie ein Inderkind?« Und meine Mutter konnte nur spöttelnd zurückfragen: »Blond und mit blauen Augen…?«

Interessantes von der Stange

Lauch (Porree) wird fast nur im Freiland angebaut. Die Stangen vertragen selbst härtesten Frost und sind gerade im Winter ein wichtiger Vitamin-, Eisen- und Calcium-Lieferant. Unser Lauch bietet kulinarisch weit mehr, um nur als »Suppengrün« zu enden!

Lauchkuchen

Er ist zwar nicht gerade kalorienarm, dafür aber eine rundum gute und praktische Grundlage, z.B. für einen gemütlichen Canasta-Abend...

Für 1 Backform von 28 cm Ø:
200 g Mehl
5 Eier, Salz
5 EL Milch
100 g kalte Butter
1 kg Lauch
150 g Räucherspeck
1 EL Öl
Pfeffer, Muskat, Kümmelpulver
200 g Sahne
100 g frisch geriebener Käse (z. B. Gouda oder Gruyère)

Bei 6 Personen
660 kcal pro Person
etwa 1 1/2 Std.

❶ Das Mehl auf eine Arbeitsfläche sieben, in die Mitte eine Mulde drücken. 1 Ei, Salz und die Milch hineingeben. 80 g Butter kleinschneiden, auf dem Rand verteilen. Zuerst alles bröselig hacken und dann rasch zu einem glatten Teig verkneten. Den Teig dünn ausrollen, die Form damit auskleiden. 30 Min. kühl stellen.

❷ Den Backofen auf 200° vorheizen. Den Lauch putzen, gründlich waschen und in Ringe schneiden. Den Speck klein würfeln und in der restlichen Butter zusammen mit dem Öl anbraten. Aus der Pfanne nehmen, in dem Speckfett den Lauch 5 Min. andünsten. Kräftig mit Salz, Pfeffer, Muskat und Kümmel würzen. Den Speck wieder untermischen.

❸ Die Sahne mit den restlichen Eiern und dem Käse verquirlen, leicht salzen und pfeffern. Den Lauch auf dem Teig verteilen, das Sahnegemisch darüber gießen. Den Kuchen im heißen Ofen (Mitte, Umluft 180°) in 45–50 Min. goldbraun backen.

3 x schnell & gut

Lauchcremesüppchen

2–3 Stangen Lauch und 2 Kartoffeln kleinschneiden, in Butter andünsten, mit Brühe bedecken und gar kochen. Pürieren und mit Salz, Pfeffer, Muskat und saurer Sahne abschmecken. Knusprig gebratene Croûtons oder Speckwürfel darüber streuen.

Marinierte Lauchröllchen

Eine feine Vorspeise: Die hellen Abschnitte von dünnen Lauchstangen 20 Min. in Salzwasser garen. Abkühlen lassen, längs halbieren und von der kurzen Seite her aufrollen. Nebeneinander und aufrecht in eine breite Form stellen. Aus Öl, Zitronensaft, Salz, Pfeffer, Zucker und Senf ein Dressing rühren. Über die Röllchen träufeln, durchziehen lassen und mit gehacktem hartem Ei und Schnittlauch bestreut servieren.

Lauch in Alufolie gebacken

4 mittelgroße Lauchstangen putzen, waschen, halbieren und nebeneinander auf 2 Blätter Alufolie legen. Etwas Knoblauch dazupressen, einige Butterflöckchen darauf verteilen und mit Salz, Pfeffer und Muskat würzen. Die Päckchen zusammenschlagen, die Enden gut festdrücken. Im 200° heißen Ofen 35 Min. backen.

Sommerlicher Zucchini-Auflauf

Wenn mal was übrigbleibt, gibt's kein Problem. Der Auflauf schmeckt auch kalt sehr gut.

Für 4 Personen:
1 kg Zucchini
Salz, Pfeffer
5 EL Mehl
8 EL Olivenöl
je 3–4 Stengel Thymian, Majoran, Basilikum
4 Knoblauchzehen
6 Eier
150 g Schmand
100 g geriebener Käse (z. B. Gruyère)
Butter für die Form

560 kcal pro Person
etwa 1 1/4 Std.

❶ Die Zucchini putzen, waschen und in nicht zu dünne Scheiben schneiden. Mit Salz und Pfeffer würzen und im Mehl wenden. Das Öl erhitzen, Zucchini nach und nach auf jeder Seite 3–4 Min. goldgelb braten. Auf Küchenpapier abtropfen lassen. Den Backofen auf 200° vorheizen.
❷ Kräuter waschen und fein hacken. Den Knoblauch schälen und in Scheiben schneiden. Eier mit Schmand und Käse verrühren, mit Salz und Pfeffer würzen.
❸ Eine feuerfeste Form buttern. Zucchinischeiben, Knoblauch und Kräuter darin verteilen. Mit der Eiermasse begießen und im heißen Ofen (Mitte, Umluft 180°) 30 Min. backen. Dazu schmeckt frisches Weißbrot.

Knusprige Zucchinitaler

Aus 150 g Mehl, 1/4 TL Backpulver, 2 Eiern, Salz und 175 ml Weißwein einen Teig rühren. Zucchinischeiben trockentupfen, pfeffern, durch den Teig ziehen und im heißen Öl knusprig braten. Dazu schmeckt eine Joghurtsauce (Seite 19).

Gärtnerglück

Auf meine bescheidene Zucchiniernte bin ich immer ganz stolz. Ich kaufe die jungen Pflänzchen beim Gärtner und setze sie auch gern in große Holzkübel. Darin sind sie vor Schnecken sicher und können sich prächtig entwickeln.
Wir genießen in unserer Familie nicht nur die Früchte, sondern manchmal auch die leuchtenden Blüten. Sie schmecken gefüllt oder in Teig gebacken ganz ausgezeichnet.

Zucchini-Auflauf für den Winter

Aufläufe sind praktisch: Sie garen von allein und schmecken allen, auch noch am nächsten Tag.

Für 4 Personen:
2 mittelgroße Zwiebeln
2 Knoblauchzehen
3 EL Öl
300 g gemischtes Hackfleisch
1 Dose geschälte Tomaten (425 g)
Salz, Pfeffer, Cayennepfeffer
500 g Kartoffeln
500 g Zucchini
2 EL Mehl, 1 Ei

395 kcal pro Person
etwa 1 3/4 Std.

❶ Zwiebeln und Knoblauch schälen und kleinschneiden. 2 EL Öl erhitzen, das Hackfleisch darin krümelig anbraten. Die Tomaten mit Saft und noch 1/2 Dose Wasser dazugeben. Alles mit Salz, Pfeffer und Cayennepfeffer kräftig würzen und 20 Min. zugedeckt köcheln lassen.
❷ Inzwischen Kartoffeln schälen, Zucchini putzen, waschen und mit den Kartoffeln grob raspeln. Mit Mehl und Ei vermischen. Mit Salz und Pfeffer würzen. Den Backofen auf 200° vorheizen.
❸ Eine feuerfeste Form mit dem restlichen Öl ausstreichen. Zuerst 4 EL der Gemüsemasse einfüllen, darauf etwas Hackfleisch verteilen. Wieder Gemüse und Hackfleisch einschichten, mit Gemüse abschließen. Den Auflauf im heißen Ofen (Mitte, Umluft 180°) zuerst 40 Min. zugedeckt garen, dann in 20 Min. ohne Deckel fertig backen.

Pikantes Kürbisgemüse

Mit viel Dill bestreut und kräftig gewürzt, schmeckt das Gemüse wunderbar zu allem Schweinernen!

Für 4 Personen:
2 Zwiebeln
2–3 Knoblauchzehen
100 g Räucherspeck
800 g festes Kürbisfleisch (geputzt gewogen)
je 1 EL Butter und Öl
1/8 l Gemüsebrühe (Instant)
1 EL Weinessig
1 TL Zucker
Salz, Pfeffer, Cayennepfeffer
2 Bund Dill
200 g saure Sahne

310 kcal pro Person
etwa 1 Std.

❶ Zwiebeln und Knoblauch schälen und zusammen mit dem Speck klein würfeln. Kürbis in kleine Stückchen schneiden.
❷ Butter und Öl erhitzen, den Speck darin anbraten. Zwiebel- und Knoblauchwürfel hinzufügen und mitbraten. Die Kürbisstücke kurz mitdünsten, dann die Brühe dazugießen.
❸ Mit Essig, Zucker, Salz , Pfeffer und Cayennepfeffer pikant würzen. Bei schwacher Hitze zugedeckt 10–12 Min. schmoren lassen. (Achtung: die Stückchen sollen nicht zerfallen, sondern noch leichten Biß haben, zwischendurch also probieren!)
❹ Inzwischen Dill waschen und hacken. Vor dem Servieren mit der Sahne unter das Gemüse mischen.

Überbackener Kürbis

800 g Kürbisfleisch in fingerdicken Streifen in kochendem Salzwasser 5 Min. blanchieren, abtropfen lassen. In einer Pfanne 3 EL Öl erhitzen, den Kürbis darin 5 Min. andünsten, bis er glasig ist. In eine flache feuerfeste Form füllen. In etwas Öl erhitzen, den Knoblauch und 500 g gehackte Tomaten anbraten. 1 Bund gemischte Kräuter hacken, unter die Tomaten rühren. Mit Salz, Pfeffer, etwas Zucker und Cayennepfeffer pikant abschmecken. Über den Kürbis verteilen und mit 2–3 EL Semmelbrösel bestreuen. Mit Butterflöckchen belegen und im 200° heißen Ofen (Umluft 180°) 30 Min. überbacken.

Mein Tip!

Wollen Sie Kürbiskompott länger aufbewahren? Dann die Kürbisstückchen nach dem Durchziehen abseihen und den Sud sirupartig einkochen lassen. Die Kürbisstückchen in saubere Gläser füllen, gut mit dem Sud bedecken und sofort mit Einmachfolie oder Schraubdeckel verschließen. Hält sich so mehrere Wochen.

Süss-saures Kürbiskompott

Es lohnt sich, davon einen kleinen Vorrat anzulegen!

Für 6–8 Personen:
3 kg Kürbis
1 walnußgroßes Stück frischer Ingwer
1 l Weinessig
750 g Zucker, 1 TL Salz
20 Pfefferkörner, 10 Nelken
1 Zimtstange

465 kcal pro Person
etwa 1 1/4 Std.

❶ Den Kürbis schälen, das weiche Innere und die Kerne entfernen. Das feste Kürbisfleisch in mundgerechte Stücke schneiden. Den Ingwer schälen und kleinschneiden.
❷ In einem großen Topf 1 l Wasser mit dem Essig, Zucker und Salz aufkochen. Die Gewürze hinzufügen und 10 Min. köcheln lassen.
❸ Den Kürbis in den Gewürzsud geben und 12 Min. kochen lassen, bis die Stücke glasig, aber noch nicht zu weich sind. Zugedeckt über Nacht durchziehen lassen. Das Kompott schmeckt gut zu deftigem Braten, Fleischfondues, Lammkoteletts oder Bratwürsten.

ROSENKOHL MIT SPECK

Eine ebenso einfache wie tolle Beilage zu Rouladen, Wild, Kaninchen oder Rinderbraten.

Für 4 Personen:
500 g Rosenkohl
Salz
2 EL Butter
80 g Räucherspeck
Pfeffer, Muskat
Kräutersalz

185 KCAL PRO PERSON
ETWA 40 MIN.

❶ Den Rosenkohl putzen, waschen und in Salzwasser in 12 Min. bißfest garen.
❷ Die Butter erhitzen. Den Speck klein würfeln und darin anbraten. Den Rosenkohl abgießen und im Speck schwenken. Mit Pfeffer, Muskat und etwas Kräutersalz abschmecken.

Rosenkohl-Püree

ist eine kleine Köstlichkeit! Dazu 500 g Kohl kochen, mit einem großen Messer fein hacken und mit den in Butter gebratenen Speckwürfeln mischen. 4 EL Crème fraîche unterrühren und mit etwas Zitronensaft, Pfeffer und Cayennepfeffer abschmecken.

So schmeckt's auch:

Den Speck weglassen und den Rosenkohl in 3 EL aufschäumender Butter schwenken und dann sofort servieren.
Oder gekochten Schinken in feine Streifen schneiden, kurz in Butter anbraten und unter die gekochten Röschen mischen.

GRÜNKOHL

Jeden Winter nach den ersten Frösten kommt dieses wunderbare Gemüse auf den Markt. Nicht ohne Grund gilt in Norddeutschland »Grünkohl mit Pinkel« als Festtagsschmaus.

Für 6–8 Personen:
2 kg frischer Grünkohl
1 große Zwiebel
3 EL Gänse-oder Schweineschmalz
1/2 l Fleischbrühe (selbstgekocht, Seite 50, oder Instant)
Salz, Pfeffer
6 zerstoßene Pimentkörner
Streuwürze
Dazu nach Belieben:
roh geräucherter Bauchspeck, geräucherte Mettwürstchen oder Koch- oder Knackwürste

100 KCAL PRO PERSON
ETWA 2 1/2 STD.

❶ Die Blätter von den Stielen streifen und dabei gleich kleinzupfen. Mehrmals in kaltem Wasser waschen.
❷ Inzwischen in einem großen Topf Wasser zum Kochen bringen, den Grünkohl darin einmal aufkochen. In einem Sieb sehr gut abtropfen und abkühlen lassen, anschließend grob hacken.
❸ Die Zwiebel schälen und in Würfel schneiden. Das Schmalz erhitzen, den Kohl darin andünsten und die Brühe dazugießen. Mit Salz, Pfeffer, Piment und Streuwürze kräftig würzen.
❹ Den Speck und die Würste gleich dazugeben. So kann alles gut durchziehen. Zugedeckt 50 Min. bei schwacher Hitze garen. Dazu schmecken Salzkartoffeln.

Meine Tips!

- *Sollte Grünkohl übrig bleiben, mit etwas Sahne oder Crème fraîche verfeinern und zu gebratenem Kasseler, Enten- oder Gänsekeulen servieren.*
- *Oder den Kohl mit Kartoffelstückchen und Brühe gestreckt als Suppe auftischen.*
- *Den blanchierten Grünkohl hacken und portionsweise einfrieren.*

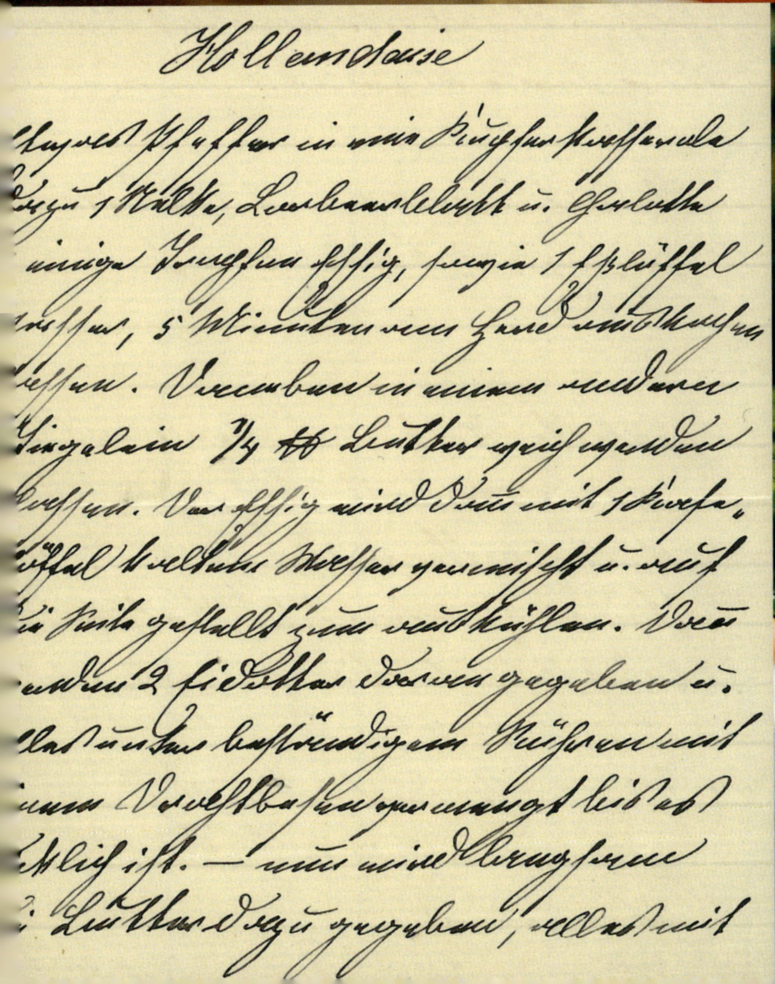
Hollandaise

Warmer Krautsalat

500 g Weißkraut in feine Streifen schneiden, mit kochendem Wasser überbrühen und im Sieb abtropfen lassen. 80 g kleingewürfelten Räucherspeck in 3 EL Öl ausbraten und mit 3 EL Essig, 1 EL Zucker und etwas Kümmel, Salz, Pfeffer pikant abschmecken.

Sahnekraut

Das geschnittene Kraut in Salzwasser fast gar kochen, anschließend durch ein Sieb gießen. In etwas Butter andünsten, pikant würzen und 1 kleinen Becher saure Sahne unterrühren. Mit frischen gehackten Kräutern (vor allem viel Dill) bestreuen.

Meine Tips!

Zu den Paprikaschoten reiche ich eine pikante Joghurt-Kräutersauce (Seite 19).

Benutzen Sie einen Römertopf? Die Form 20 Min. wässern und das Gericht abgedeckt in den kalten Backofen stellen. Bei 200° 1 1/4 Std. garen.

Bayerisch Kraut

Was kann man nicht alles aus so einem schlichten Kohlkopf zubereiten? Suppen und Eintöpfe, Krautwickel, Salate. Er läßt sich geduldig füllen, überbacken oder in Sauerkraut verwandeln...

Für 4 Personen:
600 g Weißkraut
40 g Räucherspeck
1 Zwiebel, 1 kleiner Apfel
2 EL Gänse- oder Schweineschmalz
1 1/2 EL Zucker
1/4 l Fleischbrühe (selbstgekocht, Seite 50, oder Instant)
Salz, Pfeffer, 1 TL Kümmel
1 1/2 EL Weißweinessig
1 TL Speisestärke

180 kcal pro Person
etwa 1 Std.

❶ Das Kraut putzen und in Streifen schneiden, dabei den Strunk entfernen. Den Speck kleinwürfeln. Zwiebel und Apfel schälen und in Würfel schneiden.
❷ Zuerst den Speck, dann die Zwiebeln im Schmalz leicht anbraten. Zucker darüberstreuen und unter ständigem Rühren leicht karamelisieren lassen. Die Brühe dazugießen und mit Salz, Pfeffer, Kümmel und Essig würzen. Kurz durchköcheln lassen. Kraut und Apfelstückchen hinzufügen und zugedeckt 35 Min. sanft schmoren lassen.
❸ Die Speisestärke in 3 TL Wasser anrühren, unter das fertige Kraut rühren und einmal aufkochen lassen. Als Beilage zu Schweinebraten, Hackbraten, Buletten, Bratwurst, Gans oder Ente reichen.

Gefüllte Paprikaschoten

Sie haben's in sich – nicht das übliche Hackfleisch, sondern Sauerkraut und feinen Käse. Und wenn Sie die Schoten z.B. im Römertopf garen, werden sie besonders zart und saftig!

Für 4–6 Personen:
12 kleine Paprikaschoten
1 Zwiebel, 6 EL Öl
500 g frisches Sauerkraut
3 EL Tomatenmark
1 TL Zucker
Salz, Pfeffer
1 Bund Dill
200 g Schafkäse
200 g Crème fraîche
4 Eier, Rosenpaprika

390 kcal pro Person
etwa 2 Std.

❶ Von den Schoten einen Deckel abschneiden (aufheben). Das Innere putzen, waschen und gut abtropfen lassen.
❷ Die Zwiebel schälen, klein würfeln und in 2 EL Öl glasig andünsten. Das Sauerkraut und Tomatenmark dazugeben und mit Zucker, Salz und Pfeffer würzen. Alles 3–4 Min. durchköcheln.
❸ Den Backofen auf 200° vorheizen. Den Schafkäse in kleine Würfel schneiden. Dill waschen und hacken. Zusammen mit dem Käse und 3 EL Crème fraîche unter das Kraut mischen.
❹ Eine feuerfeste Form mit etwas Öl ausfetten. Die Paprikaschoten mit dem Kraut füllen und in die Form setzen. Die Eier mit einem Schuß Wasser verquirlen, restliche Crème fraîche und Rosenpaprika je nach gewünschtem Schärfegrad unterrühren. Mit Salz und Pfeffer abschmecken und zu den Schoten gießen. Die Paprikadeckel auflegen und die Form gut mit Alufolie verschließen. Im heißen Ofen 50 Min. (Umluft 180°) garen. 10 Min. vor Garzeitende die Alufolie entfernen und die Schotendeckel mit dem restlichen Öl bestreichen. 10 Min. im abgeschalteten Ofen ruhen lassen. Dazu schmeckt Weißbrot oder Reis oder kleine Petersilienkartoffeln.

So geben Sie dem Kraut Saures

Wer Lust hat, Sauerkraut selbst herzustellen, nimmt für 10 kg gehobeltes Weißkraut (6 Blätter aufheben) 100 g Salz, außerdem 2–3 EL Wacholderbeeren und Kümmel, 1 EL Senfkörner, 3–4 Lorbeerblätter und 6–8 Möhren in Scheiben.

Auf den Boden eines großen sauberen Steintopfs legen Sie 2–3 gewaschene Krautblätter, darauf eine dicke Lage gesalzenes Kraut. Nun mit einem Holzstampfer das Kraut stampfen, bis sich Saft gebildet hat. Auf das Kraut die Gewürze und Möhrenscheiben legen, diese wieder mit einer Krautschicht bedecken und einstampfen. So fortfahren, bis der Topf handbreit unter dem Rand gefüllt ist. Die letzte Krautschicht mit Krautblättern, einem gebrühten Leinentuch und einem flachen Teller abdecken. Alles mit einem sauberen Stein beschweren. Der aufsteigende Saft muß 3–4 cm über dem Kraut bzw. Teller stehen. Lassen Sie das Kraut in der Küche etwa 2–3 Wochen stehen, bis es zu gären beginnt. Dann im Keller 1 Monat reifen lassen.

nicht

Fisch – nicht nur am Freitag

»Teilen wir so:«, sagte der Pfarrer zum Küster. »Du bekommst den Schlammbeißer und ich den Aal – oder ich den Aal und du den Schlammbeißer. Wir teilen gerecht, und jeder bekommt seinen Lieblingsfisch…«

Drei Generationen

Viele Rezepte und praktische Tips (nicht nur für die Küche) habe ich von meiner Oma und Mutter übernommen.
Von jeher waren die Frauen in unserer Familie lebenstüchtig, praktisch und kreativ veranlagt.

MATJES »HAUSFRAUENART«

Der Klassiker unter den Herings-Salaten. Ich mache immer eine große Schüssel voll, und kühl hält er sich mehrere Tage.

Für 4–6 Personen:
400 g saure Sahne
3 EL Mayonnaise
1/8 l Milch
3–4 EL Apfelessig
1 TL Zucker, Pfeffer
2 Äpfel (Boskop), 2 Zwiebeln
5 kleine Gewürzgurken
(+ Gurkenwasser)
4 Doppelmatjesfilets
je 6–8 Pfeffer- und Pimentkörner und Wacholderbeeren
3 Lorbeerblätter

BEI 6 PERSONEN
465 KCAL PRO PERSON
ETWA 1 1/2 STD.

❶ In einer Schüssel Sahne, Mayonnaise und Milch verrühren. Mit Essig, Zucker und Pfeffer kräftig würzen.
❷ Äpfel und Zwiebeln schälen, zusammen mit den Gurken in feine Scheiben schneiden. Unter die Marinade mischen, mit etwas Gurkensud abschmecken.
❸ Die Matjes quer in Stückchen schneiden und mit Gewürzkörnern und Lorbeerblättern untermischen. Zugedeckt und kühl 2–3 Tage durchziehen lassen. Dazu schmecken am besten frische Salz- oder Pellkartoffeln.

Mein Tip!

Frische grüne Bohnen und Matjesfilet schmecken zusammen unwahrscheinlich gut. Böhnchen putzen, waschen und im ganzen in Salzwasser und etwas Bohnenkraut bißfest kochen. Durchwachsenen Speck klein würfeln, knusprig ausbraten und die Bohnen mit reichlich gehackter Petersilie darin schwenken. Mit Pfeffer würzen und mit Matjesfilet und neuen Kartoffeln servieren.

Die ersten für die Königin

Als Matjes werden die Heringe vor der Geschlechtsreife bezeichnet, bei denen sich noch keine Milch oder kein Rogen gebildet haben, die noch nicht abgelaicht haben. Die frisch gefangenen Fische werden in Holzfässer in Salzlake eingelegt. In Holland bekommt das erste Faß traditionell die Königin. Die besten Matjes sind mild (haben nur einige Tage in der Salzlake gelegen), schön fett und werden ab Anfang Juni meist als Doppelmatjes verkauft. Lagen die Matjes länger (6–8 Wochen) in der Lake, sollten sie vor dem Verzehr in Buttermilch eingelegt oder kurz gewässert werden.

MATJESTATAR

Ein kleiner Gaumenkitzel – oder wie die Bayern sagen, ein echtes »Magentratzerl«...

Für 2–4 Personen:
2 kleine Matjesfilets
1 rote Zwiebel
1–2 kleine Gewürzgurken
Pfeffer
2–3 Scheiben Toastbrot
1 EL Butter
2–3 Kopfsalatblätter
Schnittlauchröllchen zum Servieren

BEI 4 PERSONEN
170 KCAL PRO PERSON
ETWA 40 MIN.

❶ Die Matjes kurz abspülen, abtrocknen und in ganz feine Würfelchen schneiden. Die Zwiebel schälen und zusammen mit den Gurken ebenfalls ganz klein würfeln (je feiner, desto besser!). Mit Pfeffer pikant abschmecken.
❷ Aus dem Brot kleine runde Taler ausstechen (4 cm Ø) und in etwas Butter von beiden Seiten goldbraun braten. (Sie können auch zusätzlich oder statt dessen Pumpernickeltaler nehmen oder kleine Röstis.)
❸ Jeden Brottaler mit etwas Salat belegen, ein Häufchen Tatar darauf setzen und mit Schnittlauch bestreut auf einer Platte anrichten.

So schmeckt's auch:

Unter die Matjeswürfelchen kleingehackte Zwiebeln, Gurken, Äpfel und 2–3 Radieschen mischen. Mit 2 EL Joghurt, etwas Zitronensaft und Pfeffer abschmecken.

HERINGSSALAT

Die zarten Frühjahrs-Matjes gibt es mit Pellkartoffeln und grünen Bohnen, oder ich bereite diesen schon traditionellen Salat zu.

Für 4 Personen:
500 g Pellkartoffeln
4 Doppelmatjesfilets
2 kleine Äpfel
3 Gewürzgurken
50 g Räucherspeck
3 EL Öl, 1 Zwiebel
2 sehr frische Eigelbe
2 EL Weinessig, 1 TL Senf
1/2 TL Zucker, Pfeffer
1 kleines Röhrchen Kapern
1/2 Bund Dill

715 KCAL PRO PERSON
ETWA 1 STD.

❶ Die gekochten Kartoffeln pellen und klein würfeln. Die Matjes in Stücke schneiden. Äpfel waschen, entkernen und mit den Gurken in Würfel schneiden. Alles in eine Schüssel geben. Den Speck klein würfeln, in 1 EL Öl knusprig ausbraten und sofort untermischen.
❷ Die Zwiebel schälen. Das restliche Öl mit den Eigelben verrühren, die Zwiebel dazureiben. Die Sauce mit Essig, Senf, Zucker und Pfeffer pikant würzen. Mit den Kapern unter den Salat mischen und durchziehen lassen. Vor dem Servieren gehackten Dill oder Fenchelgrün darüber streuen.

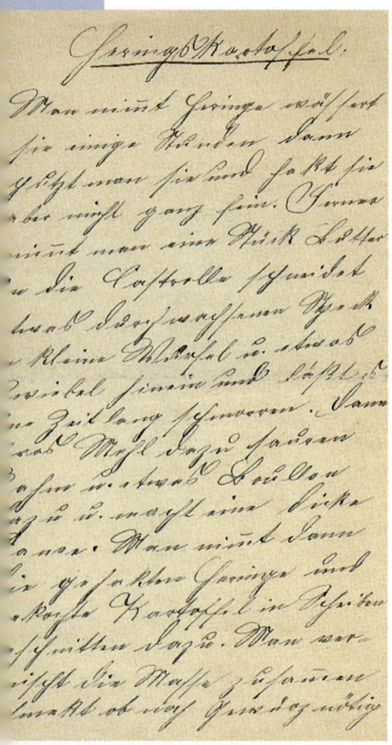

Grüne Heringe
sind die rohen, naturbelassenen Heringe. Erst durch Bearbeitung werden dann daraus Salzheringe, Matjes, Bücklinge, Rollmöpse, Bismarckheringe usw.

BRATHERINGE – FRISCH UND EINGELEGT

Von ihnen bereite ich immer eine große Portion zu. Eine Portion kommt mit Kartoffelsalat gleich auf den Tisch, die übrigen werden sauer eingelegt.

Für 4 Personen:
1 Zitrone
1 kg kleine grüne Heringe (küchenfertig vorbereitet)
Salz, Pfeffer, 4 EL Mehl
Margarine oder Butterschmalz zum Braten
Für den Sud:
1/4 l Weinessig
120 g Zucker, Salz
1 EL weiße Pfefferkörner
2 EL Senfkörner
1 TL Pimentkörner
2 Lorbeerblätter
3 Zwiebeln

555 KCAL PRO PERSON
ETWA 1 STD. + MARINIERZEIT

❶ Für die frischen Bratheringe die Zitrone auspressen. Die Heringe innen und außen mit dem Saft beträufeln und 30 Min. durchziehen lassen.
❷ Die Heringe salzen, pfeffern und im Mehl wenden. Das Fett erhitzen und die Heringe darin von jeder Seite in 8 Min. knusprig goldbraun braten.
❸ Um die Heringe einzulegen, für den Sud 3/4 l Wasser mit dem Essig, Zucker, 1 TL Salz, den Gewürzkörnern und Lorbeerblättern einige Minuten kräftig durchkochen. Die Zwiebeln schälen, in dünne Ringe schneiden und hinzufügen. Den Sud nochmal abschmecken (er sollte pikant-säuerlich sein), umfüllen und abkühlen lassen.
❹ Übrige Heringe in eine längliche Schüssel legen. Mit der Marinade begießen und zugedeckt 1–2 Tage an einem kühlen Ort (nicht im Kühlschrank, da werden sie hart) durchziehen lassen. Dazu schmecken Bratkartoffeln und ein Kopfsalat.

Meine Tips!

Für die grüne Panade 1 Bund Petersilie (sie muß ganz trocken sein!) fein hacken und unter die Brösel mischen.

Paniermehl/Semmelbrösel selbst herzustellen ist praktisch, die Panade schmeckt auch besser und man wirft kein Brot weg: Altbackene Brötchen, Kastenweißbrot oder Toastbrot reiben oder in der Küchenmaschine zerkleinern.

KABELJAUFILETS MIT SCHMORGURKEN

Bereiten Sie zuerst die Gurken zu, da sie gut durchziehen müssen. Und wo gibt's schon grün panierten Fisch!

Für 4 Personen:
1 kg Schmorgurken (feste Freilandgurken)
Salz, Pfeffer, 1 EL Zucker
2 EL Weinessig, 1 Zwiebel
40 g Räucherspeck
1 EL Butter
1/4 l Gemüsebrühe (Instant)
1 Bund Dill
150 g saure Sahne
4 Kabeljaufilets (ohne Haut, je etwa 120 g)
3 EL Zitronensaft, 2 EL Senf
3 EL Mehl, 1 Ei
5–6 EL (grünes) Paniermehl (siehe Tip)
Butterschmalz zum Braten

335 KCAL PRO PERSON
ETWA 1 1/4 STD. + MARINIERZEIT

❶ Die Gurken schälen, längs halbieren und die Kerne herauskratzen. Gurken in 1 cm dicke Stücke schneiden und in einer Schüssel mit 1/2 TL Salz, Pfeffer, dem Zucker und dem Essig mischen. 30 Min. durchziehen lassen.

❷ Zwiebel schälen und mit dem Speck klein würfeln. Die Butter erhitzen, zuerst den Speck, dann die Zwiebel darin anbraten. Die Gurken ohne Marinade hinzufügen und 5 Min. andünsten. Die Brühe angießen und die Gurken zugedeckt 20 Min. schmoren lassen. Zum Schluß den Dill waschen, die Spitzen hacken und mit der sauren Sahne unter die Gurken mischen.

❸ Den Fisch abspülen, trockentupfen und sichtbare Gräten entfernen. Rundum mit Zitronensaft beträufeln, mit dem Senf bestreichen, salzen und pfeffern.

❹ Die Filets zuerst im Mehl, dann im verquirlten Ei und zuletzt im Paniermehl wenden. Im heißen Butterschmalz von jeder Seite in 5 Min. goldbraun braten und mit den Gurken servieren. Dazu schmecken Salzkartoffeln.

KOCHFISCH IN DILLSAUCE

Hier können Sie Rotbarsch, Dorsch oder Kabeljau nehmen, möglichst ohne Haut und Gräten.

Für 4 Personen:
1 Zwiebel, 1 Bund Suppengrün
1 unbehandelte Zitrone
2 Lorbeerblätter
4 Pimentkörner, Salz, Zucker
2 EL Weinessig
600–700 g Fischfilet
je 2 EL Butter und Mehl
100 g saure Sahne
Streuwürze
1 Bund Dill

275 KCAL PRO PERSON
ETWA 1 STD.

❶ Die Zwiebel schälen. Das Suppengrün abspülen und grob zerschneiden. Die Zitrone heiß abwaschen, etwas Schale abreiben, 2–3 Scheiben abschneiden und den Saft auspressen. Die Scheiben mit 1 l Wasser, den Lorbeerblättern, Pimentkörnern, Salz, 2 Prisen Zucker und dem Essig in einen Topf geben und 20 Min. durchkochen.

❷ Den Fisch abspülen und in kleine Stücke schneiden. In den Sud legen und zugedeckt bei schwacher Hitze 8–10 Min. ziehen lassen. Den garen Fisch herausheben.

❸ Den Dill waschen und die Spitzen hacken. Die Butter erhitzen, das Mehl einrühren und soviel Fischsud durch ein Sieb dazugießen, daß eine sämige Sauce entsteht. 5 Min. durchköcheln lassen, öfter umrühren. Die Sahne unterziehen und mit Zitronenschale, -saft und Streuwürze pikant abschmecken. Zum Schluß den Dill dazugeben. Fisch zurück in die Sauce legen und mit Salzkartoffeln servieren.

Dill zu Fisch und Gurken

Dill schmeckt frisch am besten! Die zarten Spitzen schmecken leicht süßlich und etwas nach Fenchelkraut. Die einjährige Pflanze wächst bis zu 1 m hoch. Wird Dill mitgekocht, verliert er leider sein frisches Aroma. Besonders für Fisch (z. B. Aal, Hecht, Pasteten und gebeizten Lachs) ist er ein ideales Würzkraut. Aber auch Gurken, Salate oder Mayonnaisen und hartgekochte Eier lieben dieses Kräutlein.

Einen prima »Muntermacher« fürs Frühstück bekommen Sie, wenn Sie gehackten Dill, Petersilie und etwas Borretsch in einem Glas Tomatensaft verrühren.

Im Topf gedeiht er kaum, besser im Garten, wo Dill von April bis Juni mehrmals auf feuchtem und gedüngtem Boden ausgesät werden kann.

»Gar lieblich dringen aus der Küche
bis ans Herz die Wohlgerüche.
Hier kann die Zunge, fein und scharf,
sich nützlich machen, und sie darf.«

WILHELM BUSCH

Lachs-Sauerkraut-Auflauf

Ein tolles »Sonntags«-Essen, für Gäste – oder Sie halbieren einfach die Zutaten und überraschen Ihren Liebsten...

Für 4 Personen:
1 unbehandelte Zitrone
4 Scheiben Lachsfilet ohne Haut (je etwa 150 g)
Salz, weißer Pfeffer
100 g Butter
1 Dose Champagner-Sauerkraut (400 g)
1/4 l Weißwein oder Fischfond
150 g Créme fraîche

700 kcal pro Person
etwa 1 Std.

❶ Die Zitrone heiß abwaschen, etwa zwei Drittel der Schale mit einem Zestenreißer ablösen. Den Saft auspressen. Den Lachs mit dem Saft beträufeln, mit Salz und Pfeffer würzen.
❷ Den Backofen auf 200° vorheizen. Eine Auflaufform mit etwas Butter ausfetten. Den Rest Butter mit 1 Prise Salz leicht anbräunen.
❸ Eine Lage Sauerkraut in der Form verteilen, etwas Zitronenschale darüber streuen und 2 Scheiben Lachs auf das Kraut legen. Mit der Hälfte Butter bestreichen, mit Sauerkraut bedecken und Zitronenschale verteilen.
❹ Die anderen beiden Lachsscheiben auf das Kraut legen, mit Butter bestreichen und mit dem letzten Kraut und Zitronenschale bedecken.
❺ Wein und Crème fraîche verrühren, über das Kraut gießen und im Ofen (Umluft 180°) 30 Min. backen. Dazu schmecken kleine Petersilienkartoffeln.

Gedämpfter Lachs oder Lachsforelle

Suppengemüse (Lauch, Möhren, Sellerie, Zwiebel) grob zerschneiden. In einen passenden Fischtopf (mit Dämpfeinsatz) geben, etwa 1 l Wasser-Weißweingemisch zugießen und aufkochen. Den ausgenommenen, gewaschenen Fisch würzen und einige Dill- und Petersilienstengel in den Bauch stecken. 1–2 Lorbeerblätter und 1 EL Pfefferkörner zum Sud geben und den Fisch darin zugedeckt in 30 Min. gar dämpfen. Mit einer Sauce hollandaise und Salzkartoffeln servieren.

Karpfen im Gemüsebett

Das ist ein altes Familienrezept aus Sachsen. Vererbt von Elfriede an meine Tante und nun an mich...

Für 4–6 Personen:
1 mittelgroßer Karpfen (ausgenommen und portioniert)
3 EL Zitronensaft
Salz, Pfeffer
1/4 Knollensellerie
2 Möhren
1 Petersilienwurzel
1 Pastinakenwurzel (falls erhältlich)
1 kleiner Kohlrabi
1 Stange Lauch, 2 Zwiebeln
120 g Butter
125 ml Weißwein oder Fischfond, 1 Lorbeerblatt
200 g Sahne
gehackte Petersilie

Bei 6 Personen
510 kcal pro Person
etwa 1 3/4 Std.

❶ Die Fischstücke waschen, die Haut leicht schräg einschneiden und mit Zitronensaft beträufeln. Mit Salz und Pfeffer würzen, zur Seite stellen.
❷ Das Gemüse putzen, wo nötig, schälen und abspülen. Alles in dünne Stifte, Lauch und Zwiebeln in feine Ringe schneiden. Den Backofen auf 180° vorheizen.
❸ 3 EL Butter erhitzen und nacheinander Sellerie, Möhren, Petersilien- und Pastinakenwurzel, Kohlrabi, Lauch und Zwiebeln ganz leicht andünsten. Wein und Lorbeerblatt hinzufügen, das Gemüse mit Salz und Pfeffer würzen.
❹ Das Gemüse in einer feuerfesten Form verteilen. Die Karpfenstücke mit der Haut nach oben darauf legen. Die restliche Butter ganz leicht anbräunen und den Fisch damit beträufeln. Die Sahne angießen, zugedeckt im Backofen (unten, Umluft 160°) 20 Min., dann offen noch 5 Min. garen. (Garprobe: die Flossen müssen sich leicht herausziehen lassen.) Mit Petersilie bestreuen. Dazu schmecken Salz- oder Petersilienkartoffeln.

Zu Unrecht vergessen

Pastinaken sind ein Wintergemüse und sehen aus wie dicke Petersilienwurzeln. Im Geschmack ähneln sie den Möhren.

FISCHRAGOUT IM GRÜNEN REISRING

Sie müssen schnell was für unerwartete Essensgäste zaubern? Ein Griff zum Tiefkühlfach und Vorratsschrank, und mit Resten aus dem Kühlschrank ist alles gerettet!

Haben Sie das vorrätig?

Je 1 Paket TK-Blattspinat und Fischfilet. Außerdem Reis, 1 Dose Erbsen, 1 Zwiebel, Kräuter von der Fensterbank, Zitrone, einen Rest Sahne und Wein...

Für 4 Personen:

300 g TK-Blattspinat
1 kleine Dose Erbsen (200 g)
2 EL Butter
Pfeffer, Muskat, Streuwürze
250 g Reis im Kochbeutel
1 Zwiebel
knapp 1/4 l Weißwein
1 Lorbeerblatt
Salz, 1/2 TL Zucker
400 g Fischfilet (Kabeljau, Seelachs)
1 gehäufter EL Mehl
2 EL Crème fraîche
abgeriebene Schale und Saft von 1/2 unbehandelter Zitrone
frische Kräuter nach Belieben

445 KCAL PRO PERSON
ETWA 1 1/4 STD.

❶ Spinat nach Packungsanweisung auftauen und durchkochen. Ausdrücken und etwas zerhacken. Die Erbsen abgießen und untermischen. Mit 1 EL Butter, Pfeffer, Muskat und etwas Streuwürze abschmecken.

❷ Gleichzeitig den Reis nach Packungsanweisung (nur 12 Min.!) kochen, er muß noch Biß haben. Anschließend mit dem Spinat mischen und warm halten.

❸ Gleichzeitig die Zwiebel schälen und halbieren. Den Weißwein mit 1/2 l Wasser, den Gewürzen, 1/2 TL Salz, Zucker, Lorbeer und 1/2 Zwiebel 10 Min. durchkochen. Den Fisch im Sud 6 Min. ziehen lassen, herausheben und den Sud durch ein Sieb gießen.

❹ Die andere Zwiebelhälfte fein würfeln. In der restlichen Butter anschwitzen, das Mehl einrühren und 3/8 l Fischsud zugießen. Die sämige Sauce durchköcheln lassen, mit Zitronenschale und -saft, etwas Streuwürze und Pfeffer pikant abschmecken.

❺ Den Fisch in kleine Stücke zerpflücken und in der Sauce durchziehen lassen. Kräuter waschen, hacken und unter den Reis mischen. Den Reis mit einem Eßlöffel fest in eine ausgespülte Savarinform (für 3/4 l) drücken und auf eine vorgewärmte runde Platte stürzen. Das Fischragout in die Mitte füllen und sofort servieren.

Meine Tips!

Hier können Sie wirklich variieren und zaubern. Statt Dosenerbsen TK-Erbsen gleich zusammen mit dem Reis kochen.

Wenn Sie noch Champignons vorrätig haben, diese kleinschneiden und zum Fisch geben.

Auch Kapern und etwas Curry schmecken in der Sauce. Wenn Sie sie noch mit 1 Eigelb legieren, wird sie noch feiner. Übrigen Reis mit Brühe (Instant) verdünnen und als Reissuppe servieren (im Bild).

AAL GRÜN

Die meisten kennen ihn nur geräuchert, und manche mögen diesen schlangenähnlichen Fisch leider gar nicht.

Getränketip!

Ein leichter, trockener Weißwein schmeckt immer zu Fisch. Ich trinke gern einen Riesling aus dem Elbtal.

Für 4 Personen:
2 Bund Suppengemüse
2 Zwiebeln, 1 Lorbeerblatt
1 Nelke, 10 Pfefferkörner
5 EL Weinessig, 1/2 Tasse Weißwein, Salz, Zucker
1 Bund gemischte Kräuter (Petersilie, Estragon, Dill, Salbei)
750 g–1 kg frischer Aal ohne Kopf (möglichst gleich vom Fischhändler die Haut abziehen und ausnehmen lassen)
je 2 EL Butter und Mehl
weißer Pfeffer
2 EL Zitronensaft, 1 Eigelb
2 EL gehackte Petersilie

600 KCAL PRO PERSON
ETWA 1 1/2 STD.

❶ Für den Aal das Gemüse waschen und grob zerschneiden. Die Zwiebeln schälen und vierteln. In einem flachen Topf 1 1/4 l Wasser mit dem Gemüse, den Gewürzen, Essig, Wein, Salz und 2 Prisen Zucker aufkochen. Die Kräuter dazugeben und den Sud 20 Min. leise köcheln lassen.
❷ Den Aal gründlich waschen und in 5 cm lange Stücke schneiden. In den Sud legen und zugedeckt 15 Min. garziehen lassen. Dann den Aal herausheben und warm stellen.
❸ In einem zweiten Topf die Butter erhitzen, das Mehl einrühren und soviel Sud durch ein Sieb dazugießen, daß eine sämige Sauce entsteht. 5 Min. köcheln lassen.
❹ Die Sauce mit Salz, Pfeffer und Zitronensaft abschmecken. Mit dem Eigelb legieren (einrühren und nicht mehr kochen lassen). Die Aalstücke in die Sauce legen und 5 Min. darin ziehen (aber nicht mehr kochen) lassen. Zum Aal schmecken Salzkartoffeln und Gurkensalat.

Der Aal, der floh, vielleicht war er froh...

Bernhard (er hatte mit mir die Lehre begonnen) und ich sollten in der Fischküche Aale schlachten. Aale waren rar und deshalb etwas ganz Besonderes auf der Speisekarte. Mit dem Netz wurde ein zappelnder Aal aus dem Bassin gefischt, und gemeinsam bugsierten wir ihn auf die Schlachtbank. Keiner konnte (oder wollte) das glitschige Tier richtig festhalten, und so rutschte er vom Tisch. Er schlängelte sich über die Fliesen, in jede Ecke, und wir krochen auf den Knien hinterher. Aber in seiner Todesangst verschwand der teure Aal plötzlich in einem kleinen offenen Gullyloch... Lange beschäftigte uns die Frage, ob der Fisch wohl zäh genug war, in der Leipziger Kanalisation zu überleben, ob er vielleicht sogar andere Fische treffen würde und ob sie gemeinsam den Weg in die Freiheit finden könnten...

Gurkensalat

1 Salatgurke schälen und in dünne Scheiben schneiden oder hobeln. Aus 1–2 EL Öl, 150 g saurer Sahne oder Joghurt, 2 EL Zitronensaft, 1/2 TL Zucker, Salz und Pfeffer ein Dressing rühren. Gemischte Kräuter (v. a. natürlich Dill) waschen, fein hacken und mit dem Dressing unter die Gurken rühren.

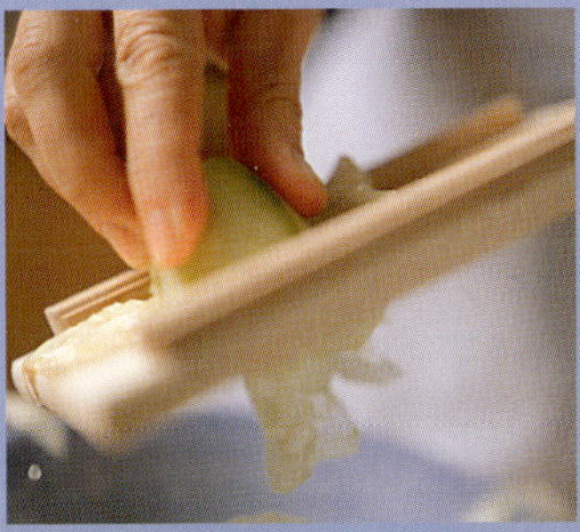

Fleisch aus Pfannen und Töpfen

»Ich will gar nicht gebraten sein«, sagte der Hase, als ihn der Koch fragte, in welcher Sauce er liegen möchte. Mein Kaninchen habe ich, ohne es zu fragen, in Sahnesauce gelegt, und alle waren es zufrieden…

Mein erster Lehrtag

Er wird mir ewig unvergeßlich bleiben! Nach allgemeiner Einführung, Rundgang und Bekanntmachen mit dem Küchenpersonal verschwand unser Ausbilder, und wir neuen Koch-Lehrlinge wurden unserem Schicksal überlassen. Das war heute Max, ein Altkoch mit zwei mächtigen Goldzähnen. Er rief mich und fragte: »Hast Du schon mal Hühner ausgenommen?« Ich verneinte, nur gesehen hatte ich es bei meiner Oma. »Na, egal – das geht so: Bauch aufschneiden, alles mit den Fingern lockern und das ›Geschlinge‹ rausziehen. Das ist die Leber, Vorsicht bei der Galle, vergiß die Lunge nicht, den Magen aufschneiden, das Fett extra legen, alles auswaschen und – Beeilung, Beeilung!!« War das ein böser Traum? Sollte ich das ganz allein wirklich alles so machen? Oma – Mutti hilf!! Ich stand vor diesem furchteinflößenden Hühnerberg, ich konnte sie gar nicht alle zählen. Irgendwie habe ich mit der Arbeit angefangen, ich wollte ja auch alles richtig machen. Ohne Lob, ohne Hilfe mußte ich micht durcharbeiten und wurde höchstens zu mehr Eile angetrieben. Mit »stinkenden« verschmierten Fingern versuchte ich meine Tränen wegzuwischen; das Ergebnis waren ein halbfertiger Hühnerberg, ein heulender Lehrling, ein wütender Koch, doch ein unvergeßlicher Tag!

Unvergessenes aus DDR-Küchen: ›Gold Broiler‹

Broiler sind zarte Masthähnchen, die ab 1 kg schlachtreif sind. Sie sind gut geeignet zum Grillen, Braten und als Backhähnchen. Gegrillte Hähnchen am Imbißstand, mit Rotkraut- und Weißkrautsalat in den Gaststätten, und findige Hausfrauen brutzelten Broiler in kühnen Variationen, nur um Abwechslung in das DDR-Kücheneinerlei zu bringen...

Broiler gegrillt

Das Hähnchen gründlich auswaschen, trockentupfen und mit Salz und Pfeffer würzen. Auf einen Drehspieß stecken und während des Grillens mehrmals mit einer Marinade aus Öl, Tomatenmark und Paprika bestreichen.

Broiler gebraten

Das Hähnchen waschen, abtrocknen und mit Salz und Pfeffer würzen. In den Bauch 2 EL Butter, einige Stengel Petersilie und, falls vorhanden, Herz und Magen legen. Das Hähnchen mit zerlassener Butter bestreichen, etwas Brühe angießen und im heißen Ofen bei 200° (Umluft 180°) 1 Std. 10 Min. braten. Zwischendurch wenden und begießen. Den Broiler zerteilen und die Sauce mit saurer Sahne abschmecken. Dazu schmeckt Salat.

Broiler überbacken

Das Hähnchen waschen und in 8 Stücke zerlegen. Mit Salz, Pfeffer, Thymian und Rosenpaprika würzen. In Öl und Butter 40 Min. braten. Die Teile in eine gefettete feuerfeste Form legen und mit 2 verquirlten Eiern, gewürzt mit Paprika, begießen. 2 EL Semmelbrösel und einige Butterflöckchen darüber verteilen. Im heißen Ofen oder unter dem Grill kurz überbacken. Dazu schmeckt Tomatensauce oder Tomatensalat.

Panierte Broilerbrüstchen

4 Hähnchenbrustfilets waschen, mit Zitronensaft, Salz und Pfeffer würzen. 2 EL Senf mit 2 Eigelb, etwas abgeriebener Zitronenschale und 2 EL Sahne verrühren. Die Filets leicht mit Mehl bestäuben und mit der Senfmischung bestreichen. Gut durchziehen lassen und anschließend in Semmelbröseln panieren. In heißem Butterschmalz goldbraun braten. Mit Kräuterbutter und Kartoffelsalat servieren.

Broilerkeulchen mit Tomatensalat

Ich bereite den Salat zuerst zu, da kann er schön durchziehen.

Für 4 Personen:
Für die Keulchen:
4 frische Hähnchenkeulen
Salz (oder Hähnchengewürzsalz), 4 EL Öl, 1 EL Butter
1 Zwiebel
2 Knoblauchzehen
je 1/2 TL Rosmarin und Thymian
1 1/2 EL mittelscharfer Senf
1 TL Rosenpaprika
Für den Tomatensalat:
500 g kleine reife Tomaten
1 Zwiebel
3 EL Öl, 2–3 EL Kräuteressig
Salz, Pfeffer, 1 EL Zucker
1 Bund Schnittlauch

455 kcal pro Person
etwa 1 Std.

❶ Die Hähnchenkeulen waschen, trockentupfen und mit Salz würzen. In einer Pfanne 3 EL Öl mit der Butter erhitzen, die Keulen bei mittlerer Hitze zundum schön goldbraun anbraten, dann 25 Min. braten.

❷ Inzwischen die Zwiebel und den Knoblauch schälen. Die Zwiebel in feine Würfelchen schneiden, den Knoblauch dazupressen. Die Kräuter hacken und mit dem Senf, Paprika und restlichem Öl unter die Zwiebel mischen.

❸ Sind die Keulen fast gar, auf beiden Seiten mit der Würzpaste bestreichen. Noch 10 Min. brutzeln lassen, dabei öfter wenden und mit dem Bratfett begießen. Dazu schmeckt frisches Weißbrot.

❹ Für den Tomatensalat die Tomaten waschen und in Scheiben schneiden (dabei die Stielansätze entfernen). Die Zwiebel schälen und in ganz kleine Würfel schneiden. In einer Schüssel das Öl mit dem Essig, 2 EL warmem Wasser, der Zwiebel, etwas Salz, Pfeffer und dem Zucker verschlagen. Die Tomaten unterheben. Den Schnittlauch in Röllchen schneiden und darüber streuen.

Soljanka

Meine Soljanka schmeckt immer etwas anders; hinein kommt, was eben so da ist: Bratenreste, gekochtes Rindfleisch, Wurst...

Für 4–6 Personen:
200 g Fleischwurst (Lyoner)
2 Scheiben Kasseler
3–4 Kartoffeln, 3 Zwiebeln
4 EL Öl oder Margarine
2 EL Tomatenmark
1 1/2 l Brühe (auch Instant)
2–3 saure Gurken (aus dem Glas + Gurkenwasser)
1/2 Glas Letscho
2 Lorbeerblätter
300 g gekochtes Rindfleisch
40 g Kapern
Salz, Pfeffer, Paprika, Zucker
200 g saure Sahne
1 unbehandelte Zitrone
1 Bund Dill

Bei 6 Personen
395 kcal pro Person
etwa 1 1/2 Std.

❶ Wurst und Kasseler in Streifen schneiden. Kartoffeln und Zwiebeln schälen. Kartoffeln in Würfel und Zwiebeln in Scheiben schneiden.
❷ Das Fett erhitzen, zuerst die Wurst, dann die Zwiebeln anbraten. Das Tomatenmark unterrühren und mit Brühe ablöschen. Die Gurken in Streifen schneiden, die Paprikastücke im Letscho etwas teilen und alles mit etwas Gurkensud, den Lorbeerblättern und Kartoffeln zur Suppe geben. Alles 30 Min. durchkochen lassen.
❸ Fleisch in kleine Würfel schneiden, mit dem Kasseler zur Soljanka geben. Die Kapern hinzufügen. Mit Salz (Vorsicht!), Pfeffer, Paprika, Zucker und der Hälfte der Sahne abschmecken.
❹ Die Zitrone heiß waschen und in Scheiben schneiden. Den Dill waschen und hacken. Jede Portion mit 1 Zitronenscheibe, 1 Klecks Sahne und Dill servieren.

Mein Tip!
Bei den Zutaten können Sie wirklich variieren: statt Kasseler Schinken nehmen und jede Wurst, die Ihnen schmeckt, Bratenreste, saure oder salzige Gurken – alles paßt hinein.

Spezialitäten aus der DDR
Im zweiten Lehrjahr lernte ich sie zubereiten: Soljanka und Würzfleisch. Diese Dauerbrenner gab es immer und überall, noch heute findet man diese »Kult-Klassiker« auf so mancher Speisekarte...

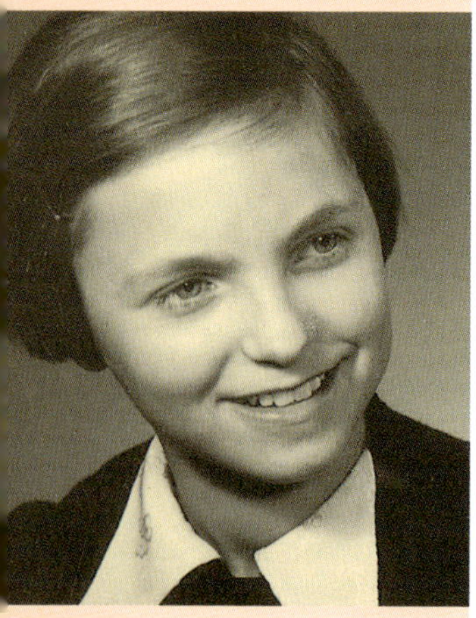

Wenn mir die Plackerei in meiner Lehrzeit besonders schwerfiel, sagte meine Mutter immer zu mir: »Kind, halte durch, wer weiß, wofür Du die Kocherei und einen Abschluß noch in Deinem Leben brauchst...« Sie hatte ja so recht!

Feines Würzfleisch

Mit den früher servierten Kreationen hat mein Ragout fin nichts zu tun.

Für 4–6 Personen:
300 g Kalbfleisch
1 kleine Kalbszunge
Salz, 1 Zwiebel, 1 Bund Suppengrün, 1 Gewürznelke,
1 Lorbeerblatt, 6 Pfefferkörner
80 g Champignons
1 Schalotte, 2 EL Butter
1 EL Mehl, 2 EL Crème fraîche
3 EL Zitronensaft
Pfeffer, 2 Prisen Zucker, Streuwürze, 1 Eigelb
2–3 EL geriebener Käse

Bei 6 Personen
155 kcal pro Person
etwa 2 Std.

❶ Fleisch und Zunge knapp mit Wasser bedecken, leicht salzen. Die Zwiebel schälen. Das Suppengrün putzen, waschen und mit Zwiebel, Nelke, Lorbeerblatt und Pfefferkörnern hinzufügen. Bei schwacher Hitze 1 1/2 Std. sieden lassen.
❷ Gegen Ende der Garzeit die Pilze putzen und in Scheiben schneiden. Die Schalotte schälen, klein würfeln und in 1 EL Butter andünsten. Pilze dazugeben, mit Salz und Pfeffer würzen. Kurz durchbraten und zur Seite stellen.
❸ Restliche Butter erhitzen, das Mehl einrühren und etwa 1/8 l von der Fleischbrühe durch ein Sieb zugießen und Sauce aufkochen. Unter Rühren durchköcheln lassen, mit Crème fraîche, Zitronensaft, Pfeffer, Zucker und Streuwürze pikant abschmecken. Zuletzt das Eigelb unterziehen.
❹ Von der Zunge die Haut abziehen. Zusammen mit dem Fleisch in sehr kleine Würfel schneiden. Mit den Pilzen unter die Sauce mischen und in kleine feuerfeste Förmchen füllen. Mit etwas Käse bestreuen und unter dem Grill oder im heißen Ofen goldbraun überbacken. Traditionell wird es mit Worcestersauce, Zitronenecken und Toast serviert.

Mein Tip!

Wenn Sie einen Fleischwolf besitzen, können Sie die Füllmasse (Brötchen, Schinken, Leber und Pilze) durch die grobe Scheibe drehen.

Gefüllte Kalbsbrust

Hier möchte ich meine Großmutter zitieren, die immer sagte: »Wenn was Gutes reinkommt, kommt auch was Gutes raus!«

Für 4–6 Personen:
Für die Füllung:
2 altbackene Brötchen ohne Rinde, 1 Zwiebel
50 g gekochter Schinken
150 g frische Kalbsleber
150 g Champignons
2 EL Butter, 3 Eier (S)
3 EL gehackte Petersilie
Salz, weißer Pfeffer, Muskat
1/4 TL Paprikapulver, edelsüß, 1 TL abgriebene Zitronenschale
Für das Fleisch:
1 1/2 kg Kalbsbrust (evtl. vorbestellen, vom Metzger auslösen und gleich eine Tasche einschneiden lassen)
Salz, Pfeffer, Küchengarn
Außerdem:
Butterschmalz zum Braten
800 ml Kalbsfond (aus dem Glas), 1–2 Möhren
1 Petersilienwurzel
1 Stück Knollensellerie
1 Zwiebel, 1 EL Tomatenmark
100 g Sahne

Bei 6 Personen
600 kcal pro Person
etwa 2 1/2 Std.

❶ Für die Füllung die Brötchen in heißem Wasser einweichen, anschließend gut ausdrücken. Die Zwiebel schälen und mit dem Schinken klein würfeln. Von der Leber die Häutchen entfernen, das Fleisch fein hacken. Die Pilze putzen und klein hacken.

❷ Die Butter erhitzen, die Zwiebeln und Pilze kurz andünsten. Zur Seite stellen. Die Eier trennen, die Eiweiße steif schlagen.

❸ Die Brötchenmasse mit dem Zwiebelgemisch, Schinken, Leber, Petersilie und den Eigelben gut vermischen. Pikant mit Salz, Pfeffer, Muskat, Paprika und Zitronenschale abschmecken. Zum Schluß das steife Eiweiß unterheben. Den Backofen auf 200° vorheizen.

❹ Die Kalbsbrust innen mit Salz und Pfeffer würzen. Die Füllung mit einem Eßlöffel in die Kalbsbrust drücken. Ich nähe die Öffnung mit Küchengarn zu, man kann sie aber auch zustecken. Dann das Fleisch auch von außen mit Salz und Pfeffer würzen.

❺ In einem Bräter das Schmalz erhitzen. Die Kalbsbrust von jeder Seite 10 Min. anbraten. Den Kalbsfond erwärmen. Das Fleisch nach dem Anbraten mit 1/4 l Fond ablöschen und zugedeckt 1 Std. im Ofen schmoren (Umluft 180°).

❻ Das Gemüse putzen, die Zwiebel schälen und alles in grobe Stücke schneiden. Nach 1 Std. Bratzeit das Gemüse seitlich im Bräter verteilen, Tomatenmark und restlichen Fond dazugeben.

❼ Die Hitze auf 180° (Umluft 160°) reduzieren. Die Kalbsbrust in 45–50 Min. fertigbraten, dabei öfter wenden und mit dem Fond begießen (sie sollte keine zu feste Kruste bekommen, da sie sich sonst nicht so gut aufschneiden läßt). Herausnehmen und warm stellen (in Alufolie wickeln und im abgeschalteten Ofen ruhen lassen).

❽ Die Sauce durch ein Sieb passieren, in den Bräter zurückgeben (auch die seitlichen Bratrückstände ablösen!) und die Sahne unterrühren. Die Kalbsbrust in Scheiben schneiden, auf einer vorgewärmten Platte anrichten. Die Sauce extra dazu reichen. Dazu schmecken Petersilienkartoffeln oder Kartoffelgratin, feines Gemüse oder ein Rapunzelsalat.

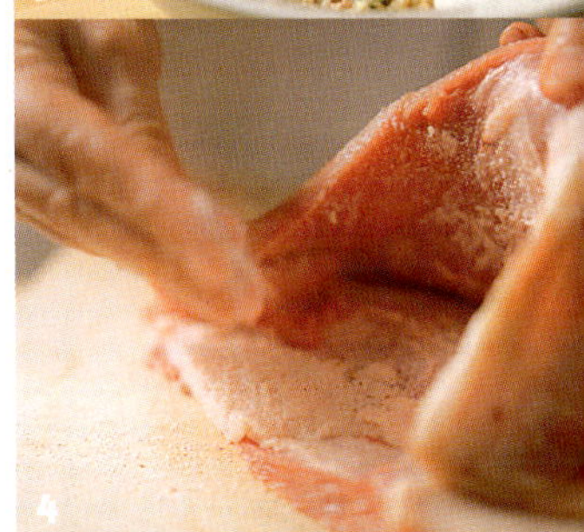

Mein kulinarisches Gesellenstück

Am Ende meiner Lehrzeit stand die Facharbeiterprüfung als Köchin. Ich sollte eine gefüllte Kalbsbrust zubereiten. Bis dahin hatte ich sie nur einmal (und nicht einmal allein) vor- und zubereitet, dementsprechend zitterte ich am Prüfungstag. Zum Glück half mir unser Fleischer, er löste die Kalbsbrust von den Rippenknochen und dem großen Knorpel. Ich brauchte nur noch die innere Haut so aufzutrennen, daß eine Tasche für die Füllung entstand. Alles ging gut, und heute zählt dieses Gericht zu meinen »Dauerbrenner-Gästeessen«.

Willy's Sauerkrautpfanne

Das ist eines meiner Lieblingsgerichte! Es schmeckt himmlisch und ist schnell fertig.

Für 4 Personen:
50 g Räucherspeck
2 Zwiebeln
2 EL Schweineschmalz
400 g gemischtes Hackfleisch
gut 1/4 l heiße Brühe
(Instant), 400 g Sauerkraut
3 Knoblauchzehen
2 Lorbeerblätter, 6 Wacholderbeeren, 1 TL Senfkörner
1 Gewürznelke
je 1/2 TL Kümmel und Zucker
1 EL Tomatenmark
Pfeffer, Cayennepfeffer, Salz

465 kcal pro Person
etwa 1 1/2 Std.

❶ Den Speck klein würfeln. 1 Zwiebel schälen, in kleine Würfel schneiden. In einem Schmortopf das Schmalz erhitzen, den Speck goldbraun anbraten. Das Hackfleisch darin unter Rühren krümelig anbraten. Die Zwiebel untermischen, alles 6–8 Min. durchbraten.

❷ Die Brühe zugießen und das Sauerkraut locker untermengen. Den Knoblauch schälen und klein hacken. Zusammen mit den Gewürzen und Tomatenmark unterrühren. Mit Pfeffer, Cayennepfeffer und Salz würzen. Zudecken und 50 Min. sanft köcheln lassen

❸ Ist das Sauerkraut fertig, die zweite Zwiebel schälen, klein würfeln und untermischen. Kurz durchziehen lassen und mit Kartoffelpüree servieren.

Mein Tip!

Sollte etwas übrigbleiben, Sauerkraut und Kartoffelpüree zusammen mit soviel Wasser begießen, daß es suppig wird. Aufkochen und noch etwas nachwürzen. Dazu schmecken Topinki (Seite 13).

Eine Sauerkraut-Geschichte...

Bei Sauerkraut werde ich mein Leben lang an meinen Lehrherrn Max denken, an sein Knautschgesicht mit dem ewigen Zigarrenstummel im Mundwinkel und seinen schlurfenden Gang. Laut Max taugten wir Lehrlinge doch nur zum Kartoffelschälen... In meiner zweiten Lehrwoche rief er mich zu sich und nuschelte was von »Sauerkraut zum Trocknen aufhängen«! Ich hatte keinen blassen Schimmer, was er meinte! Aber er wiederholte streng und deutlich, ich solle sofort das Sauerkraut aufhängen, damit es abtropfen kann. Er drückte mir eine Schnur in die Hand, brummte was von Beeilung und daß ich ja nicht zum Vergnügen hier wäre! Mein gesunder Menschenverstand rief zwar Alarm, aber wenn ein Altkoch das so haben wollte, bitte sehr! In der Gemüseküche führte Alma das Regiment. Sie war aus der Danziger Gegend, Typ »kaschubische Großmutter«. Als ich später »Die Blechtrommel« von Günter Grass las, dachte ich sofort an sie, an ihre weiten Röcke, Sommer wie Winter ein dickes Kopftuch – und ab und zu kühlte sie ihre geschwollenen Knöchel im Salatbottich...

Alma zeigte mir das Sauerkraut und meckerte irgendwas von altem Kauz und versoffenen Köchen. Ich spannte also die Schnur kreuz und quer und hängte jeden Sauerkrautfaden schön ordentlich auf. Doch Alma hatte wohl Mitleid mit mir. Sie fing plötzlich an, auf die »mistigen« Köche zu schimpfen, »immer die kleen Lehrlinge veräppeln, ham die nicht Bessres im Kopp, diese Sauluder, jedes Jahr dasselbe!« Mir dämmerte es... Mein Trost war, daß ich nicht als erste und ganz bestimmt auch nicht als letzte auf Max hereingefallen war.

Jedes Hausschwein hatte bei meiner Oma bis zum Schlachtfest ein gesundes und glückliches Leben…

MEINE KÖNIGSBERGER KLOPSE

Original Königsberger Klopse werden aus feinst durchgedrehtem Kalbfleisch und Sardellenfilets zubereitet. Für meine Hausmannskost nehme ich einfach gemischtes Hackfleisch.

Für 4 Personen:
1–2 altbackene Brötchen
2 Schalotten, 3–4 EL Butter
1 unbehandelte Zitrone
500 g Hackfleisch
2 Eier, Salz, Pfeffer, Muskat
1 l würzige Fleischbrühe,
2 EL Mehl
200 g Sahne
80 g kleine Kapern
1–2 EL Zitronensaft

635 kcal pro Person
etwa 1 1/2 Std.

❶ Die Brötchen in heißem Wasser einweichen, anschließend in einem Sieb gut ausdrücken. Die Schalotten schälen, in feine Würfel schneiden und in 1 EL Butter glasig andünsten. Die Zitrone heiß waschen, 1 TL Schale abreiben.

❷ Das Hackfleisch mit den Brötchen, Schalotten und Eiern mischen und mit Zitronenschale, Salz, Pfeffer und Muskat würzen. Die Masse gut durcharbeiten und mit angefeuchteten Händen kleine Klößchen daraus formen.

❸ Die Brühe aufkochen und die Klößchen darin bei schwacher Hitze 20 Min. ziehen lassen.

❹ Restliche Butter erhitzen und das Mehl darin anschwitzen. Unter Rühren soviel Brühe dazugießen, bis eine sämige Sauce entsteht. 5 Min. durchköcheln lassen, dann die Sahne und Kapern hinzufügen. Mit 1–2 EL Zitronensaft und Muskat abschmecken, die Klößchen in der Sauce 10 Min. ziehen lassen. Dazu schmecken am besten Salzkartoffeln und Rote-Bete-Salat.

Meine Tips!

Zur Sicherheit können Sie die Krautwickel mit Küchengarn einbinden. Aber wenn sie schön dicht (mit der Öffnung nach unten) nebeneinander im Bräter liegen, können sie auch nicht aufgehen.

Sie können Krautwickel auch mit Wirsing zubereiten. Und die Füllung einmal mit Lammhack probieren.

KRAUTWICKEL

Meine Freundin Edeltrude (den Vornamen verzeiht sie ihren Eltern nie) ist von meinen Krautwickeln so begeistert, daß sie anderswo keine mehr essen mag. Na ja, jeder hat so seine Grundsätze...

Für 4–6 Personen:
2 altbackene Brötchen
Salz, 1 TL Kümmel
1 großer Kopf Weißkraut
3 Zwiebeln, 1 EL Butter
400 g gemischtes Hackfleisch
2 Eier
Pfeffer, Majoran, Thymian, gemahlener Kümmel, Paprika und etwas Streuwürze
1 Möhre
60 g Räucherspeck, 1 EL Mehl
Butterschmalz zum Braten

Bei 6 Personen
405 kcal pro Person
etwa 3 Std.

❶ Die Brötchen in heißem Wasser einweichen. Reichlich Salzwasser mit Kümmel aufkochen.

❷ Kraut putzen und den Strunk tief herausschneiden. Im Salzwasser blanchieren, dabei nach und nach die äußeren Blätter ablösen.

❸ Zwiebeln schälen, 1 kleinwürfeln und in Butter andünsten. Brötchen gut ausdrücken. Hackfleisch, gewürfelte Zwiebel, Eier und Brötchen vermischen. Mit Salz und den Gewürzen kräftig abschmecken.

❹ 1 großes und darauf 2–3 kleinere Krautblätter ausbreiten. Darauf jeweils etwa 2 EL Hackmasse geben. Die Blätter seitlich darüber schlagen und fest aufrollen.

❺ Möhre putzen, mit restlichen Zwiebeln in grobe Stücke schneiden. Speck in Scheiben schneiden. Noch etwas Kraut zerkleinern. Backofen auf 200° vorheizen.

❻ Im Bräter etwa 3 EL Butterschmalz erhitzen. Den Speck darin anbraten, zur Seite schieben, die Krautwickel kräftig anbraten. Seitlich Zwiebeln, Möhre und Kraut verteilen und mit anrösten. Mit etwa 1/2 l Krautwasser ablöschen und die Krautwickel im Backofen (Umluft 180°) 50 Min. schmoren.

❼ Krautwickel aus dem Bräter heben und die Sauce mit in etwas Wasser angerührtem Mehl binden. Kurz durchköcheln lassen. Krautwickel zurück in die Sauce legen. Mit Salzkartoffeln servieren.

Rote-Bete-Salat

Je 2 mittelgroße rote Bete und 2 Äpfel schälen und grob raspeln. 1 Zwiebel schälen und klein würfeln. Zusammen mit 1 EL geriebenem Meerrettich untermischen. Alles mit 3–4 EL Öl, 2–3 EL Essig, 1 EL Zucker, Salz, Pfeffer und etwas Kümmelpulver abschmecken. Zugedeckt durchziehen lassen und mit Schnittlauchröllchen bestreut servieren.

Geschmorte Nierchen

Nierchen, pikant mit Speck und Senfgurken gebraten, sind eine echte Delikatesse. Achtung: Nie zu stark braten, sonst werden sie hart.

Für 4 Personen:
500 g frische Schweinenierchen
1 Bund Petersilie
2 Zwiebeln
40 g Räucherspeck
3 EL Butterschmalz
2 EL Mehl
Pfeffer, 2 TL Zucker, Salz
2–3 EL Essig
1/4 l Fleischbrühe
etwa 250 g Senfgurken (aus dem Glas + Sud)
1 TL scharfer Senf
100 g saure Sahne

355 kcal pro Person
etwa 1 Std.

❶ Die Nierchen längs aufschneiden. Fett, Sehnen und alle Aderansätze herausschneiden, dann die Nieren in dünne Streifen schneiden. Die Petersilie waschen und hacken.
❷ Zwiebeln und Speck klein würfeln. Das Schmalz in einer Pfanne erhitzen, Speck und Zwiebeln darin anbraten. Die Nierchen dazugeben und unter Rühren 4 Min. schmoren. Mit Mehl bestäuben und mit Pfeffer, Zucker, Salz und Essig würzen. Gut durchrühren und die Brühe zugießen.
❸ Die Gurken in Streifen schneiden und mit 1/8 l Sud zu den Nierchen geben. Alles 5 Min. sanft durchköcheln lassen. Den Senf mit der Sahne verrühren und untermischen. Nochmals abschmecken, mit Petersilie bestreuen und fertig. Dazu schmecken Kartoffelpüree und ein frischer Blattsalat.

Mein Tip!
Wem Nierchen zu streng riechen, kann leicht Abhilfe schaffen: Etwa 1/2 l warmes Wasser mit 3–4 EL Essig mischen und darin die Nierchen 30 Min. wässern. Anschließend kalt abspülen, trockentupfen und schneiden. Oder etwa 1 Std. in Milch wässern.

Gebratene Leber mit Äpfeln und Zwiebeln

Manchmal, wenn die Innereien ganz frisch und zart beim Metzger liegen, kann ich nicht widerstehen.

Für 4 Personen:
4 Scheiben frische Kalbsleber
2–3 EL Mehl
2 Zwiebeln
2 Äpfel (Cox Orange, Boskop)
Salz, Pfeffer
Butterschmalz zum Braten

310 kcal pro Person
etwa 40 Min.

❶ Von der Leber alle Sehnen, Adern und Häutchen entfernen. Jede Seite leicht im Mehl wenden.
❷ Die Zwiebeln schälen und in dünne Ringe schneiden. Die Äpfel vierteln, entkernen und in Stückchen schneiden. 2 EL Butterschmalz in einer Pfanne erhitzen, darin zuerst die Zwiebeln goldgelb anbraten. Dann die Äpfel kurz mitbraten, alles wieder herausheben und warm stellen (wenn die Pfanne groß genug ist, darin zur Seite schieben).
❸ Noch etwas Butterschmalz erhitzen und nun die Leber von jeder Seite 2–3 Min. braten. Mit Salz und Pfeffer würzen, die Apfel-Zwiebel-Mischung auf den Leberscheiben verteilen. Dazu schmeckt Kartoffelpüree.

Mein Tip!
Da Kalbsleber nicht ganz billig ist, können Sie auch junge Rinder- oder Schweineleber verwenden. Diese dann vor dem Braten in Milch einlegen, so wird sie zarter.

KANINCHEN IN SAHNESAUCE

»Das Kaninchen wird wie der Hase behandelt, scheint auch mit ihm verwandt zu seyn, ist aber in der Lebensweise und im Fleische sehr verschieden. Das Kaninchenfleisch ist viel weißer, zarter und saftiger als beim Hasen; das gilt auch vom wilden Kaninchen.«

AUGUST ERDMANN LEHMANN

Für 4–6 Personen:
1 küchenfertiges junges Kaninchen (etwa 1 1/2 kg, in 8 Stücke zerteilen lassen)
1 unbehandelte Zitrone
Salz, Pfeffer
1 Glas Geflügelfond (400 ml)
1 Zwiebel, 2 Knoblauchzehen
200 g Crème fraîche
Butterschmalz zum Braten

BEI 6 PERSONEN
410 KCAL PRO PERSON
ETWA 2 STD.
+ MARINIERZEIT

❶ Das Fleisch abspülen und mit Küchenpapier trockentupfen. Die Zitrone heiß waschen, die Schale abreiben, den Saft auspressen.
❷ Alle Kaninchenteile rundum mit etwas Zitronenschale und -saft einreiben. Kräftig mit Salz und Pfeffer würzen. Zugedeckt 1 Std. marinieren.
❸ Den Backofen auf 200° vorheizen. Etwa 3 EL Butterschmalz in einem Bräter erhitzen und das Fleisch bei nicht zu starker Hitze rundum anbraten. Mit dem Fond ablöschen. Zwiebel und Knoblauch schälen und grob zerteilen. Etwas Crème fraîche, Zwiebel und Knoblauch im Bräter verteilen, zudecken und im Ofen (Umluft 180°) 1 Std. schmoren. Zwischendurch die Teile wenden und immer wieder etwas Crème fraîche und eventuell noch etwas Wasser zugeben. Die zarteren Rückenteile sind eher gar als die Keulen.
❹ Das fertige Fleisch aus dem Bräter nehmen und die Sauce mit dem Rest Crème fraîche verrühren. Dazu schmecken Klöße oder Salzkartoffeln und Rotkohl, Rosenkohl oder Möhrengemüse.

So schmeckt's auch:

Das Kaninchenfleisch nach dem Anbraten mit mittelscharfem Senf bestreichen.
Mit etwas Gemüse im Ofen schmoren, aber anstelle von Crème fraiche süße Sahne verwenden.
Oder in einer Mischung aus Olivenöl und Butter anbraten und mit reichlich frischem Rosmarin und Salbei schmoren. Dann mit etwas Rotwein ablöschen.
Genau so gut schmeckt die Sauce mit 400 g saurer Sahne statt Crème fraîche.

Unsere Stallhasen

Herr Lehmann hätte noch bemerken müssen, daß Kaninchenfleisch dem Hühnchenfleisch nicht unähnlich ist und auch ein bißchen so schmeckt. Es ist hell, mager und sehr vielseitig zu verwenden.

Meine Großeltern hatten immer ihre Hasen im Stall (»Stallhasen« sind Zuchtkaninchen), sie wurden mit Heu, Küchenabfällen, Gras und mit von uns gesammeltem Löwenzahn liebevoll hochgepäppelt. Jedem geschlachteten Tierchen weinten wir hinterher, aber wenn dann das Fleisch wieder anonym und duftend in der Bratpfanne lag, waren wir recht schnell versöhnt. Außerdem erlebten wir als Trost die wundersame Karnickelvermehrung...

Rindergulasch

Bei meinem Gulasch gilt als Faustregel: genausoviele Zwiebeln wie Fleisch nehmen.

Für 4 Personen:
1 kg Rindergulasch
Salz, Pfeffer
1/2 TL Kümmelpulver
3–4 große Zwiebeln
5 EL Öl oder Butterschmalz
1 EL Mehl
1 EL Paprika, rosenscharf
1/2 TL Cayennepfeffer

370 kcal pro Person
etwa 2 Std.

❶ Das Fleisch kräftig mit Salz, Pfeffer und Kümmel würzen. Die Zwiebeln schälen, halbieren und in Scheiben schneiden.
❷ In einem Schmortopf das Öl oder Schmalz erhitzen, das Fleisch portionsweise richtig scharf anbraten. Die Zwiebeln im Mehl wälzen, dazugeben und mit durchrösten. Mit Paprika und Cayennepfeffer bestäuben und mit soviel heißem Wasser begießen, daß das Fleisch gut bedeckt ist. Zugedeckt bei schwacher Hitze 1 1/2 Std. schmoren, bis das Gulasch weich ist. Dazu schmecken Salzkartoffeln oder Böhmische Knödel.

Mein Tip!
Nehmen Sie für das Gulasch halb Rind- und halb Schweinefleisch. Dann gebe ich noch getrocknete und eingeweichte Pilze und 1 Dose geschälte Tomaten dazu. Ganz gut!

Getränketip!
Am besten schmeckt uns frisches Bier oder auch ein Rotwein zum Gulasch.

Böhmische Knödel

Haben Sie einen Kartoffelkochtopf (den mit Löchern und einem Untersatz)? Knödelscheiben kann man am besten über Wasserdampf warm halten oder wieder erwärmen.

Für 4–6 Personen:
Salz
1 1/2 altbackene Brötchen
1 EL Butter
350 g griffiges Mehl (oder Weizenmehl Type 550)
3/4 Päckchen Backpulver
etwa 1/8 l Milch
2 Eier (S)
Muskat

Bei 6 Personen
130 kcal pro Person
etwa 1 Std.

❶ In einem breiten Topf etwa eine Handbreit hoch Salzwasser aufkochen. Die Brötchen in kleine Würfel schneiden und in heißer Butter anrösten.
❷ Das Mehl, Backpulver und 1/2 TL Salz in einer Schüssel mischen. Milch und Eier extra verquirlen, kräftig mit Muskat würzen und unter das Mehl rühren.
❸ Die Brötchenwürfel unterarbeiten und den Teig solange kneten, bis er weich und glatt, aber nicht klebrig ist. Aus dem Teig 2 längliche Rollen formen.
❹ Die Knödelrollen im siedenden Wasser zugedeckt bei ganz schwacher Hitze 35 Min. ziehen lassen. Zwischendurch umdrehen. Sind sie gar, mit einer Schaumkelle herausheben und sofort in Scheiben schneiden. Mit dem Gulasch servieren.

Apfelrotkohl

1 kg Rotkohl putzen, vierteln und in feine Streifen schneiden. 1-2 säuerliche Äpfel und 1 Zwiebel schälen und kleinschneiden. Etwa 2 EL Gänse- oder Schweineschmalz erhitzen, Äpfel- und Zwiebelwürfel darin andünsten. Rotkohl, 2 Nelken, 1 Lorbeerblatt dazugeben und mit Salz, Pfeffer, Zucker und etwas Essig würzen. 2 Tassen Apfelsaft (oder Wasser) angießen und das Kraut zugedeckt 1 Std. köcheln lassen.
Wenn es in der Weihnachtszeit frisches Gänseschmalz gibt, unbedingt den Rotkohl damit garen und portionsweise auf Vorrat einfrieren.
Wenn Sie aus Zeitgründen Rotkohlkonserve zubereiten, dann schmeckt es mit 1-2 EL Apfelmus noch besser.

RINDSROULADEN MIT KARTOFFELPÜREE

Jeder mag Rouladen, deshalb mache ich immer einige mehr. Die Sauce wird dadurch kräftiger, außerdem kann man sie gut auf Vorrat einfrieren.

Für 2–4 Personen:
3–4 Zwiebeln
150 g fetter Speck
4 Gewürzgurken (aus dem Glas)
4 Scheiben Rindsrouladen (je etwa 150 g)
Salz, Pfeffer
4 EL scharfer Senf
1 EL Mehl
Rouladennadeln, Holzspießchen oder Küchengarn
Butterschmalz zum Braten
Für das Kartoffelpüree:
1 1/4 kg mehlige Kartoffeln
Salz, 1/4 l heiße Milch
Muskat, Salz
1–2 EL Butter

BEI 4 PERSONEN
725 KCAL PRO PERSON
ETWA 2 STD.

❶ Die Zwiebeln schälen und in Spalten, Speck und Gurken in Streifen schneiden.
❷ Die Rouladen ausbreiten und jede Seite kräftig mit Salz und Pfeffer würzen. Jeweils eine Seite mit Senf bestreichen und mit einigen Zwiebeln, Speck- und Gurkenstücken belegen (der Rest wird später mit angebraten). Die Rouladen fest aufrollen und zustecken oder -binden.
❸ In einem möglichst schweren Schmortopf etwa 3 EL Butterschmalz erhitzen, die Rouladen rundum bei starker Hitze kräftig anbraten. Sie müssen wirklich richtig braun sein, denn nur so bekommt später die Sauce eine »würzige Tiefe«.
❹ Restliche Zwiebeln, Speck und Gurken dazugeben und mit anrösten. Nun mit soviel heißem Wasser ablöschen, daß die Rouladen halb bedeckt sind. Noch 1 Klecks Senf und etwas Gurkenwasser dazugeben und die Rouladen zugedeckt bei schwacher Hitze 1 1/2 Std. köcheln lassen.
❺ Für das Püree die Kartoffeln schälen, waschen und vierteln. Knapp mit Wasser bedecken, salzen und 25 Min. kochen. Das Wasser abgießen, die Kartoffeln gut ausdämpfen lassen und sofort mit dem Kartoffelstampfer zerdrükken. Die Milch mit einem Schneebesen unterrühren. Mit Muskat (eventuell noch etwas Salz) würzen und einen dicken Klecks Butter unterrühren (umso besser schmeckt es!).
❻ Sind die Rouladen gar, das Mehl in etwas kaltem Wasser verquirlen und die Sauce damit leicht binden. Noch kurz durchköcheln lassen und mit dem Püree oder Kartoffeln und Gemüse wie Rotkohl, Rosenkohl oder Bayerisch Kraut auftischen.

So schmeckt's auch:

Meine Tante brutzelt ihre Rouladen nach einem Rezept ihrer Großmutter, die 1899 als Köchin im Hotelrestaurant »Zum Wilden Mann« in Annaberg arbeitete.
Die Rouladen würzen. Für die Füllmasse feingewürfelte Zwiebeln, Speck und Gurken mit 2 verquirlten Eiern, etwas Zitronensaft, Salz, Pfeffer, 3 Prisen Zukker und 3 EL Semmelbröseln vermischen. Die Masse quellen lassen und auf der mit Senf bestrichenen Seite verteilen. Dabei den Rand etwas freilassen, damit die Masse beim Braten nicht austritt. Wie beschrieben braten und längs aufgeschnitten servieren.

2

2

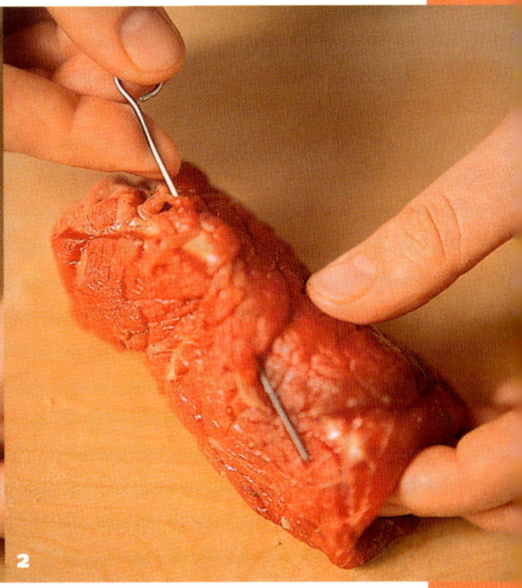
2

Tafelspitz mit Meerrettichsauce, Brühkartoffeln und Wirsinggemüse

Das ist unser absolutes Lieblingsessen im Winter! Ich gare das Fleisch in Brühe, so schmeckt es noch besser!

Für 4–6 Personen:
2 l Rindfleischbrühe (selbstgekocht, Seite 50)
Salz
1 1/4 kg Tafelspitz (eventuell vorbestellen)
1 Stange Lauch, 1–2 Möhren
1 Stück Knollensellerie
1 Petersilienwurzel
1 kg Kartoffeln
1 kleiner Wirsing
50 g Räucherspeck
1 Bund Petersilie, 1 EL Öl
150 g Crème fraîche
Pfeffer, Muskat, Kümmelpulver, Streuwürze
1/2 frische Meerrettichwurzel (ersatzweise 3–4 EL aus dem Glas)
Sauce hollandaise (siehe links, aus Zeitgründen fertige nehmen)
je 1 TL Zitronensaft und Senf
2 Prisen Zucker

Bei 6 Personen
735 kcal pro Person
etwa 3 Std.

❶ Die Brühe aufkochen, salzen und das Fleisch hineingeben. Bei schwacher Hitze in 2–2 1/2 Std. gar ziehen lassen.
❷ Inzwischen Gemüse, Kartoffeln und Wirsing putzen bzw. schälen. Gemüse und Kartoffeln in kleine Stückchen schneiden und in einen Topf geben. Vom Wirsing den Strunk herausschneiden, den Kopf in einzelne Blätter zerteilen.
❸ Wirsing 2–4 Min. in kochendem Wasser blanchieren. Die Blätter kalt abschrecken und in Streifen schneiden. Den Speck klein würfeln. Die Petersilie waschen und hacken.
❹ Ist das Fleisch fast gar, soviel Brühe abnehmen und auf das Gemüse-Kartoffel-Gemisch gießen, daß dieses knapp bedeckt ist. Gemüse garen, aber nicht zerkochen.
❺ Den Speck im Öl anbraten, Wirsing darin kurz durchdünsten. Crème fraîche unterheben, mit Pfeffer, Muskat, Kümmel und Streuwürze abschmecken und den Wirsing warm stellen.
❻ Die Sauce hollandaise zubereiten. Den Meerrettich (Taucherbrille aufsetzen!) reiben, unter die Sauce untermischen, Mit Zitronensaft und Zucker abschmecken.
❼ Das Fleisch quer zur Faser in 1 cm dicke Scheiben schneiden, mit etwas Brühe bedecken, damit es nicht austrocknet. Das Kartoffelgemüse mit Pfeffer und Petersilie bestreuen und mit dem Wirsing und der Sauce zum Tafelspitz servieren.

Mein Tip!

Übriges Fleisch kleinschneiden und mit der Brühe (das ist die sprichwörtliche »doppelte Kraftbrühe«) einfrieren. So eine Brühe (vielleicht mit Nudeln oder feinen Einlage) bringt jeden wieder auf die Füße!

Sauce hollandaise

200 g Butter schmelzen, dabei den weißen Schaum abschöpfen. 3 Eigelbe in einer Metallschüssel mit 1 EL Wasser verrühren. Die Schüssel in ein heißes Wasserbad setzen und die flüssige Butter tropfenweise unterrühren (mit den Quirlen des Handrührgerätes oder Schneebesen). Ist die Sauce schön schaumig, mit Salz, Pfeffer und Zitronensaft abschmecken.

Grüne Sauce

Ganz gut schmeckt auch eine grüne Sauce dazu. Dafür 2 hartgekochte Eier pellen, die Eigelbe und 1 Knoblauchzehe zerdrükken. 6 EL Öl und 1 Handvoll gemischte gehackte Kräuter unterrühren. Mit Zitronensaft, Senf, Salz, Pfeffer und Zucker abschmecken. Zum Schluß die gehackten Eiweiße und 150 g saure Sahne unterheben.

Sauerbraten

Schmoren Sie doch wieder einmal einen wunderbar mürben Sauerbraten. Mit Klößen runden Sie das Essen ab...

Für 6 Personen:
1/2 l Rotweinessig
2 Zwiebeln, 1 Möhre
1 Petersilienwurzel
8 Wacholderbeeren
5 Pimentkörner
10 Pfefferkörner
2 Lorbeerblätter
4 Gewürznelken
je 1 EL Salz und Zucker
1 1/2 kg Rinderschmorbraten (Schulter/Bug)
Pfeffer, 2 EL Butterschmalz
2 EL Tomatenmark
1 Anschnitt Schwarzbrot
125 g saure Sahne

Bei 6 Personen
355 kcal pro Person
etwa 2 1/2 Std. + Marinierzeit

❶ Den Essig mit gut 3/4 l Wasser in einen Topf gießen. Das Gemüse schälen und in grobe Stücke schneiden. Zusammen mit den Gewürzen, Salz und Zucker in das Essigwasser geben. Den Sud 5 Min. kräftig durchkochen und abkühlen lassen.

❷ Das Fleisch waschen und in den Sud legen, es muß ganz mit der Flüssigkeit bedeckt sein. Zugedeckt 3 Tage im Kühlschrank durchziehen lassen und jeden Tag einmal wenden.

❸ Den Backofen auf 200° vorheizen. Das Fleisch aus der Marinade nehmen und mit Küchenpapier trockentupfen. Rundum mit Pfeffer würzen. Das Schmalz in einem Bräter erhitzen und das Fleisch von beiden Seiten kräftig braun braten.

❹ Die Marinade durch ein Sieb in eine Schüssel gießen. Das Gemüse mit anrösten und das Tomatenmark hinzufügen. Mit der Hälfte Sud ablöschen und den Braten zugedeckt im Ofen (Umluft 180°) 2 Std. schmoren (zwischendurch wenden und etwas Sud nachgießen). Nach 1 Std. den Brotkanten dazulegen.

❺ Den Braten herausnehmen. Bratenrückstände am Rand des Bräters ablösen, die Sauce durch ein Sieb gießen und die saure Sahne unterrühren. Den Sauerbraten aufschneiden und mit Klößen servieren. Die Sauce extra dazureichen.

Meine Tips!

Sie können die Marinade auch mit 1/2 l Rotwein, 1/8 l Rotweinessig und 1/4 l Wasser ansetzen. Mögen Sie es nicht zu säuerlich, nehmen Sie beim Schmoren weniger Marinade, dafür mehr Wasser oder Brühe.

Wenn Sie den Braten in Buttermilch einlegen, wird das Fleisch wunderbar mild und mürbe.

Zum Binden der Sauce anstatt Schwarzbrot 1 Päckchen Saucenlebkuchen verwenden.

Knödel für die große Runde

Im Berichtsheft meiner Lehrzeit steht die Rezeptur, nach der fast täglich Böhmische Knödel zubereitet wurden (für ca. 10 Personen):
3 kg Mehl
6 Päckchen Backpulver
1 l Milch
15 Eier
400 g Brötchenwürfel
50 g Salz, Muskat

Knödel fürs ganze Leben

Mein Lehrbetrieb, die HO-Gaststätte »Paulaner« in Leipzig, war damals noch ein tschechisches Spezialitäten-Restaurant. Böhmische Knödel standen jeden Tag auf der Speisekarte, und so kam es, daß ich im ersten Lehrjahr vor allem eines lernte: Knödel zuzubereiten. Dadurch wurde ich sogar »Bester Kochlehrling des Jahres« mit einer monatlichen Prämie von 10 Mark! Mein Lehrausbilder sagte stets: »Mädel, stiehl mit den Augen, frag nicht viel, guck, wie das die anderen machen!« Ich guckte also, lernte fleißig und bekam das »Rüstzeug« für das Kochhandwerk mit auf den Weg. Damals kochten wir bodenständig, und die Portionen wurden nicht nach Kalorien bemessen. Aber wenn ich ehrlich bin, richtig mit Lust und Liebe kochen – das kam erst Jahre später. Neue Produkte, berühmte Köche, die ihre Rezepte verrieten, dankbare Freunde und stets diese Neugier, die Märkte und Küchen der Welt zu riechen, zu schmecken und zu probieren – das waren meine »Motoren«. Heute bedeutet Kochen für mich Phantasie, Liebe, Begeisterung, Bestätigung und auch Entspannung.

Kartoffelklöße

1 kg Pellkartoffeln schälen und reiben. Mit 200 g Speisestärke vermengen und mit Salz und Muskat würzen. Mit 1/2 Tasse heißem Wasser überbrühen. 2 Eier dazugeben und alles zu einem geschmeidigen Teig verarbeiten. In einem breiten Topf etwa 2 l Salzwasser aufkochen. 1/2 Brötchen klein würfeln und in etwas Butter anrösten. Mit angefeuchteten Händen aus dem Teig Klöße formen, in die Mitte jeweils 3–4 Brötchenwürfel drücken. Im siedenden Wasser 20 Min. ziehen lassen.

GÄNSEBRATEN MIT THÜRINGER KLÖSSEN

Zweimal im Jahr gibt es bei uns Gänsebraten mit Klößen und Rotkohl: Eine Martins- und eine Weihnachtsgans. Ich finde, das reicht – denn so bleibt es immer ein besonderes Festessen!

Meine Tips!

Aus dem Gänseklein und etwas Gemüse eine kräftige Brühe kochen (für Nudelsuppe oder Steckrübeneintopf).

Das rohe Fett mit Zwiebel- und Apfelwürfeln auslassen. Dann das abgeschöpfte Fett dazugeben und kühl stellen, damit es fest wird und fest bleibt. Zum Kochen oder als Brotaufstrich (mit Harzer Käse!) verwenden. Schmeckt köstlich!

Übrige Klöße aufschneiden und knusprig braten. Oder in kaltes Wasser legen und bis zum Siedepunkt wieder erhitzen. Sie können auch eingefroren werden, dann ebenfalls langsam erhitzen.

Für 4–6 Personen:
5–6 Stengel Beifuß
2 Äpfel (Boskop, Reinette)
1 küchenfertige Gans (etwa 4 kg)
Salz, Pfeffer
Für die Klöße:
700 g kleinere Kartoffeln für Pellkartoffeln
1 altbackenes Brötchen
1 TL Butter
2 kg große mehligkochende Kartoffeln, Salz

BEI 6 PERSONEN 2010 KCAL PRO PERSON
ETWA 3 1/2 STD.

❶ Den Backofen auf 180° vorheizen. Vom Beifuß die kleinen bitteren Blättchen entfernen und die Äpfel waschen. Das Gänseklein und Fett aus dem Bauch zur Seite legen (siehe Tip!). Die Gans waschen, trockenreiben und innen kräftig mit Salz und Pfeffer würzen. Beifuß und Äpfel in den Bauch legen und die Öffnung zustecken. Jetzt die Gans außen gut salzen und mit der Brust nach unten in die Bratpfanne legen. 1/4 l heißes Wasser angießen, zudecken und die Gans im Ofen (Umluft 160°) 1 Std. braten.

❷ Dann die Gans auf den Rücken drehen, nochmals etwas Wasser nachgießen und die Haut überall mit einem Spießchen einstechen (ich nehme dafür den Dreizack für die Pellkartoffeln). So kann das Fett besser austreten. Nun weitere 2–2 1/2 Std. braten, zwischendurch öfter mit dem Bratensaft begießen. Etwa 20 Min., bevor die Gans fertig ist, den Deckel entfernen und die Gans mehrmals mit kaltem Salzwasser bestreichen. So wird die Haut schön knusprig.

❸ Nach 1 guten Std. Bratzeit können Sie die Klöße zubereiten. Dafür zuerst die kleinen Kartoffeln in Wasser aufsetzen und in 20–25 Min. garen. Das Brötchen in kleine Würfel schneiden und in der Butter knusprig anrösten. In einem breiten Topf Salzwasser zum Kochen bringen.

❹ Die rohen Kartoffeln schälen, waschen und fein reiben. Diese Masse portionsweise durch einen feuchten Kloßsack (oder in einem Küchentuch) über einer Schüssel auspressen. Das ausgetretene Wasser stehenlassen, bis sich die Stärke am Boden abgesetzt hat. Die trokkene Kartoffelmasse leicht zerpflücken und mit etwa 1 Tasse kochendem Wasser überbrühen. Das Wasser von der abgesetzten Stärke abgießen und die Stärke zur rohen Kartoffelmasse geben.

❺ Die gekochten Kartoffeln pellen und sofort durch die Kartoffelpresse dazudrücken. Alles gut durcharbeiten und mit Salz abschmecken. Die Masse darf nicht zu fest, aber auch nicht matschig sein. Mit angefeuchteten Händen gleich große Klöße formen und in die Mitte jeweils einige Brotwürfel drücken. Ins kochende Wasser legen und bei schwacher Hitze etwa 30 Min. ziehen lassen.

❻ Die fertige Gans zerteilen. Vom Bratfond das Fett abschöpfen (siehe Tip!), alle Röststoffe im Bräter lösen und verrühren. Die Sauce extra reichen. Die Klöße in eine vorgewärmte Schüssel heben. Dazu schmeckt Rotkohl (Seite 104).

Süßes und Süffiges

»Wo es aus der Küche lieblich riecht und der Bratenwender oft knarrt, da finden sich viele Freunde ein…« Mit diesem Sprichwort will ich es auch weiter halten, denn wer kocht und genießt schon gern allein!

Omis Apfelträumchen

Ein einfaches, aber traumhaftes Dessert! Meine Mutter hat damit immer wieder uns Kinder und inzwischen auch alle Enkel und Urenkel beglückt …

Für 4 Personen:
3 mürbe Äpfel
2–3 EL Zitronensaft
Zucker + Zimt, gemischt
4 Kugeln Vanilleeis
Butter zum Braten

135 kcal pro Person
etwa 30 Min.

❶ Die Äpfel schälen, vierteln und die Kerngehäuse entfernen. Die Viertel in 1 cm dicke Spalten schneiden.

❷ In einer großen Pfanne reichlich Butter (schmeckt nur mit Butter!) erhitzen, die Äpfel von beiden Seiten goldgelb anbraten. Herausheben und möglichst als Kranz auf Tellern verteilen. Jeweils mit etwas Zitronensaft beträufeln und mit Zimtzucker bestreuen. In die Mitte 1 Kugel Eis setzen und mit Minze oder Blüten garnieren.

Meine Bratäpfel

Das Kerngehäuse von 8–10 mittelgroßen Äpfeln (Cox Orange) ausstechen. Für die Füllung 2–3 EL Bienenhonig, 6 EL Apfel- oder Quittengelee, (Seite 127) je 50 g gehackte Walnüsse und Rumrosinen und 2 Prisen Zimt vermischen. Die Masse in die Äpfel füllen, mit Butterflöckchen belegen und in eine gebutterte Auflaufform setzen. Im vorgewärmten Ofen bei 220° (Umluft 200°) 25 Min. backen. Dann mit 1/8 l warmem Calvados übergießen und flambieren. Oder mit dickem Pflaumenmus (Seite 124) füllen und als »Bodenstöpsel« je 1 Backpflaume eindrücken.

Mein schneller Apfelkuchen

Hier nehme ich den Sahnebecher auch gleich als Maß her.

So schmeckt's auch:

Der »Blitzkuchen« schmeckt auch mit Sauerkirschen (aus dem Glas) oder einfach ohne Obst. Dafür nehme ich dann mehr Mandeln und Butter.

Für 1 Backblech:
4–5 Äpfel (Boskop)
1 Becher Sahne (200 g)
1 3/4 Becher Zucker
1 Päckchen Vanillezucker
3 Eier
2 Becher Mehl
3/4 Päckchen Backpulver
abgeriebene Schale von
1 unbehandelten Zitrone
Salz, 150 g Butter
100 g Mandelblättchen
4 EL Milch
Backpapier für das Blech

Bei 16 Stück
270 kcal pro Person
etwa 1 Std.

❶ Die Äpfel schälen, vierteln, die Kerngehäuse entfernen und die Viertel in Spalten schneiden. Den Backofen auf 200° vorheizen. Das Backblech mit Backpapier auslegen.

❷ Die Sahne in eine Schüssel gießen, den Becher wieder säubern und abtrocknen. 1 Becher Zucker, den Vanillezucker und die Eier dazugeben, mit der Sahne schaumig rühren.

❸ Nun Mehl, Backpulver, Zitronenschale und 2 Prisen Salz unter die Masse rühren. Den Teig auf das Backblech streichen und gleichmäßig mit den Apfelspalten belegen.

❹ Im Ofen (Umluft 180°) 10 Min. backen. In der Zwischenzeit die Butter erhitzen und darin die Mandeln leicht anbräunen. Den restlichen Zucker einrühren und mit der Milch aufschäumen lassen.

❺ Den Kuchen aus dem Ofen nehmen, den Mandelbelag darauf verteilen. Nun in 15–20 Min. fertig backen.

KIRSCHKALTSCHALE

Wenn Sie die Kirschen zuerst etwas anfrieren und dann die Kerne mit einem Kirschenentsteiner ausdrücken, zerreißen die Früchte nicht so, und es geht auch kein Saft verloren.

Meine Tips!

Leider werden Schattenmorellen (Sauerkirschen) immer rarer. Für diese Kaltschale können Sie auch dunkle, süße Herzkirschen nehmen.

Da Sauerkirschen kein Pektin enthalten, gelieren sie auch nicht. Deshalb mische ich unter die Kaltschale zusätzlich etwas Zitronensaft oder auch eine Handvoll schwarze Johannisbeeren.

Sie können auch zur Hälfte Wein und Wasser nehmen oder nur Wasser.

Für 4 Personen:
1 kg Sauerkirschen
200 g Zucker
1 Päckchen Vanillezucker
2 Prisen Zimt
1/2 l Rotwein oder Kirschsaft
1 EL Zitronensaft
1 EL Speisestärke

425 KCAL PRO PERSON
ETWA 50 MIN.
+ DURCHZIEHZEIT

❶ Die Kirschen waschen, entstielen und die Steine entfernen. In einem Topf mit Zucker, Vanillezucker und Zimt vermengen. Zugedeckt 1 Std. durchziehen lassen.
❷ Die Kirschen mit dem Rotwein und Zitronensaft begießen und zum Kochen bringen. Die Speisestärke in etwas kaltem Wasser anrühren und unter die Kirschen rühren. 2–3 Min. kochen lassen, bis die Masse glasig geworden ist.
❸ Die Kaltschale einige Stunden oder über Nacht kalt stellen. Dazu schmeckt Vanilleeis. Ich stelle meist noch Zwieback, kleine Makrönchen oder Waffeln dazu.

RHABARBERKOMPOTT MIT VANILLEPUDDING

Interessanterweise zählen die rot-grünen Blattstangen nicht zum Obst, sondern zum Gemüse. Als Kinder haben wir die jungen Stiele gern roh gekaut (quietsch), und der Pudding war noch nicht aus der Tüte...

Meine Tips!

Das Rhabarberkompott schmeckt ganz gut zu Grießbrei, Grießflammerie oder zu einer Quarkcreme.

Und wenn Sie z. B. Erdbeeren oder Himbeeren unter den Rhabarber mischen, wird das sommerliche Dessert noch feiner.

Für 4–6 Personen:
Für das Kompott:
500 g Rhabarber
200 g Zucker
Schale von 1 unbehandelten Zitrone
1 kleine Zimtstange
Für den Vanillepudding:
1 Vanilleschote
1/2 l Milch, 2 Eier
80 g Zucker
50 g Speisestärke
1 EL Butter, Salz

BEI 6 PERSONEN
320 KCAL PRO PERSON
ETWA 1 STD.

❶ Den Rhabarber waschen und die Haut abziehen (ist der Rhabarber jung, braucht er nicht geschält zu werden). In 2–3 cm lange Stücke schneiden.
❷ Etwa 1/8 l Wasser mit dem Zucker, der Zitronenschale und der Zimtstange aufkochen. Rhabarber im Sud 2–3 Min. garen (sie sollen weich sein, dürfen aber nicht zerfallen!). Bis zum Servieren kühl stellen.
❸ Für den Pudding die Vanilleschote halbieren, dann längs aufschlitzen und das Mark auskratzen. Schote und Mark in die Milch geben. Die Eier trennen. Eigelbe, Zucker und Speisestärke in die Milch rühren.
❹ Bei schwacher Hitze und unter ständigem Rühren mit dem Schneebesen die Milch erhitzen, bis die Masse dicklich wird (nicht kochen lassen!). Die Butter unterrühren und den Pudding lauwarm abkühlen lassen.
❺ Die Eiweiße mit 1 Prise Salz steif schlagen und unter den Pudding heben. Mit dem Rhabarberkompott servieren.

Ein Holunderbaum am Haus vertreibt die bösen Geister!

Wenn im Frühherbst die blauen Beeren reif sind (man muß schneller als die Vögel sein), mache ich aus den Beeren Saft, Likör, Suppe, Gelee, diverse heiße Getränke oder Süßspeisen.
Als Kinder mußten wir jedes Jahr Lindenblüten pflücken. Hatte jemand Grippe, brühte meine Mutter aus ihnen zusammen mit getrockneten Holunderblüten Tee auf. 1 Löffel Honig und Zitronensaft kam hinein, und wir haben alles rausgeschwitzt. Das mache ich heute noch genauso.

Holunderlikör

Lassen Sie den Likör einige Monate stehen. Am besten schmeckt er nach 1 Jahr, dann hat er die richtige »Reife«. Aber das gelingt nur im Idealfall, denn jeder schleicht mal zum Probieren vorbei...

Für 3–4 Flaschen à 0,7 l:
2 1/4 kg reife Holunderbeeren
3/4 kg Zucker
2 Päckchen Bourbon-Vanillezucker
etwa 2 1/2 Flaschen Rum (54 %)

Etwa 2 Std. + Ruhezeit

❶ Die Beeren abbrausen und sehr sauber von den Stielen streifen. Mit 2 l Wasser in einem Topf 1 Std. kochen lassen.
❷ Den Topfinhalt durch ein feines Sieb gießen und den Saft mit dem Zucker und Vanillezucker aufkochen. Den Saft über Nacht stehen lassen.
❸ Am nächsten Tag den Saft abmessen und die gleiche Menge Rum zugießen.
❹ In Flaschen füllen, mit einem Etikett versehen und an einem kühlen Ort verstecken. Füllen Sie den Likör in mehrere kleine Flaschen, so haben Sie begehrte hausgemachte Geschenke.
❺ Ein Tip zum Servieren: Etwas Likör mit Sekt aufgießen, das schmeckt wunderbar!

Heilende Wirkung

Nachweislich erkannten die Menschen in grauer Vorzeit schon den Nutzen dieser Wildpflanze. Blüten, Blätter, Rinde und auch Wurzeln wurden gegen alle möglichen Krankheiten hergenommen: bei Magen- und Darmbeschwerden, zur Verdauungsförderung und als Tee zur Blutreinigung und für eine bessere Nierenfunktion.

Doras Krapfen

Wir ratschten am Gartenzaun, und Dora erzählte mir von Gott, der Welt und ihren Krapfen...

Für etwa 20 Stück:
125 g Zucker
1 Päckchen Vanillezucker
3 Eier
250 g Mehl
1 Päckchen Backpulver
250 g Quark (20 %)
1–2 EL Rum, Salz
500 g Palmin (2 Platten)
Puderzucker zum Bestreuen

110 kcal pro Stück
Etwa 40 Min.

❶ Zucker, Vanillezucker und Eier schaumig rühren. Mehl, Backpulver, Quark, Rum und 2 Prisen Salz dazurühren.
❷ In einem breiten Topf das Palmin heiß werden lassen. Mit zwei Löffeln aus dem Teig Nocken abstechen und in das heiße Fett geben. Nach und nach ausbacken. Die ersten Krapfen setzen meist am Boden an, dann mit einer Gabel lösen und dabei öfter wenden. Wenn die Krapfen schön braun werden, sind sie fertig. Vor dem Servieren mit Puderzucker bestäuben. Frisch schmecken sie natürlich am besten.

Arme Ritter

Altbackene Semmeln, Weißbrot oder Zwieback verarbeite ich manchmal zu armen Rittern. 2 Eier in 1/4 l Milch, 3 EL Zucker und 1 Päckchen Vanillezucker verquirlen und über die Semmel- oder Brotscheiben gießen. Haben sie sich fast vollgesogen (sie dürfen natürlich nicht zerfallen), in Semmelbrösel drükken und in Öl oder Butterschmalz goldgelb braten. Mit Zimtzucker bestreuen. Dazu schmeckt jedes Kompott.

Melonenbowle

Sommerzeit – Bowlenzeit. Ich mische immer mehrere Melonensorten, das gibt ein tolles Aroma und sieht durch die Farben schön aus.

Für 4–6 Personen:
je 1/4–1/2 Ogen- oder Netz-, Kantalup-, Honig- und Wassermelone
2 Duftgeranienblätter oder 1 Minzestengel
2 cl Campari
1 Flasche guter trockener Weißwein
1–2 kalte Flaschen Sekt

ETWA 40 MIN.

❶ Aus den Melonen die Kerne herauskratzen und das Fruchtfleisch mit einem Kugelausstecher gleich in das Bowlengefäß ausstechen.
❷ Geranienblätter oder Minze, Campari und den Wein dazugeben. Zugedeckt 2–3 Std. durchkühlen lassen. Vor dem Servieren den kalten Sekt dazugießen.

Pfirsichbowle

gibt's, wenn ich schöne aromatische Pfirsiche habe: 5–6 Pfirsiche kurz in heißem Wasser brühen, die Haut abziehen und das Fruchtfleisch kleinschneiden. Zusammen mit 2 Flaschen Weißwein in einem Bowlengefäß kühl stellen. Vor dem Servieren kalten Sekt dazugießen. Gut schmecken auch 1–2 kleingewürfelte Äpfel oder Kiwis in dieser Bowle.

Meine Tips!

Wer Bowlen eher lieblich mag, kann mit etwas Läuterzucker nachsüßen oder mit halbtrockenem Sekt aufgießen.

***Läuterzucker** ist ganz einfach herzustellen, ich habe immer 1 Flasche im Vorrat (für Drinks, Obstsalate oder Bowlen). Dafür 400 g Zucker mit 3/4 l Wasser 10 Min. sprudelnd kochen. Nach dem Erkalten in eine Flasche füllen und im Kühlschrank aufbewahren. Hält sich ewig!*

Teepunsch-Extrakt

Weihnachtszeit ohne meinen Teepunsch gibt es nicht! Sein aromatischer Duft und die wohlige Wärme verdanken wir dem Geist aus der Flasche…

Für etwa 3 1/2 l:
je 2 unbehandelte Orangen + Zitronen
500 g brauner Kandiszucker
10 ganze Gewürznelken
6 zerstoßene Kardamomkapseln, 1–2 Zimtstangen
1 Vanilleschote
5 Dessertlöffel schwarzer Tee (z. B. Assam vol., Ceylon Orange Pekoe), ersatzweise Teebeutel
6 Orangen, 3 Zitronen
2 Flaschen Rum (54 %)
1 Flasche Rum (40%)

ETWA 2 STD.

❶ Die unbehandelten Orangen und Zitronen waschen und die Schalen dünn ablösen. Die Schalen mit 1/4 l Wasser, dem Zucker, Nelken, Kardamom, Zimtstangen und der zerteilten, ausgekratzten Vanilleschote 5 Min. durchkochen.
❷ Den Tee in 400 ml Wasser aufbrühen, ziehen lassen und die Teerückstände abgießen.
❸ Alle Orangen und Zitronen gut auspressen. Das Fruchtfleisch ebenfalls ablösen und mit dem Tee zu dem Gewürzsud geben. Aufkochen lassen und zugedeckt 10 Min. durchziehen lassen.
❹ Alles durch ein Sieb gießen, die Rückstände nach Belieben aufheben (siehe Weihnachtsmarmelade). Den Rum hinzufügen. Den Teepunschextrakt in Flaschen füllen und gut verschließen.
❺ Zum Servieren die Flasche im Wasserbad anwärmen. Je nach gewünschter Stärke Extrakt in ein Teeglas gießen (meist halbvoll) und mit kochendem Wasser oder auch schwarzem Tee auffüllen. Dazu schmecken Plätzchen und Stollen.

Weihnachtsmarmelade

Aus etwa 300 g Fruchtrückständen vom Punsch die sichtbaren Gewürze herauslesen, nur die Vanilleschotenstücke zur Seite legen. Das Fruchtfleisch mit 600 ml Apfel-oder Orangensaft und 1 kg Gelierzucker 2 Min. kochen. Etwas Rum, Cointreau oder Teepunsch-Extrakt dazugeben und in heiße, vorbereitete Twist-off-Gläser füllen. In jedes Glas etwas Vanilleschote stecken, den Deckel fest verschließen.

Melonenkugeln

Hier trinkt auch das Auge mit, bei roten, gelben und grünen Kügelchen im Glas…

WÜRZIG
PIKANT
Estragon-Essig
9/98
Basilikum-Öl

Hausgemachte Vorräte

So wie ein Eichhörnchen brauche ich immer einen gewissen Vorrat in meinem Bau! Und sollten wir einmal gewaltig einschneien, dann können wir so richtig schön an unser Eingemachtes geh'n…

Jennys Pflaumenmus

Jedes Jahr hat meine Jenny-Oma Pflaumenmus gekocht und es uns dick aufs Butterbrot gestrichen. Sie hat das Mus im Küchenofen schmurgeln lassen, so brennt es nicht an – das tut es nämlich gerne…

Für 1 Töpfchen oder 2–3 Gläser à 370 ml:
2 kg reife Zwetschgen oder Pflaumen
je 1 TL Nelken- und Zimtpulver
600 g Zucker
1–2 Gläschen Zwetschgenschnaps nach Belieben

ETWA 3 1/2 STD.

❶ Die Zwetschgen waschen, entsteinen und in kleine Stücke schneiden. Mit ganz wenig Wasser (nur soviel, daß zuerst nichts ansetzt) und den Gewürzen unter öfterem Rühren langsam im eigenen Saft weich kochen. Den Backofen auf 150° vorheizen.

❷ Die gekochten Zwetschgen in eine flache feuerfeste Form umfüllen. 200 g Zucker einrühren und im Backofen (Mitte, Umluft 130°) 30 Min. einkochen lassen, ohne umzurühren.

❸ Dann wieder 200 g Zucker einrühren und 30 Min. schmoren lassen. Dann den restlichen Zucker dazugeben und das Mus so lange im Ofen lassen, bis es richtig schön dunkel und dick ist.

❹ Den Zwetschgenschnaps unterrühren und das Mus heiß in Steinguttöpfchen oder in vorbereitete Twist-off-Gläser füllen und fest verschließen.

Pflaume oder Zwetschge?

Inzwischen gibt es durch Kreuzungen und Züchtungen soviele Pflaumensorten, daß sogar Fachleute und Züchter leicht durcheinander kommen. Pflaumen sind rundlicher als Zwetschgen und haben eine deutliche Fruchtnaht. Sie lassen sich nicht so gut wie Zwetschgen entsteinen, zerfallen beim Kochen schneller und verlieren auch mehr Aroma. Zwetschgen enthalten mehr Fruchtzucker und weniger Wasser. Deshalb nehme ich sie lieber für Mus, Kompott oder zum Backen her.

Einfache Erdbeerkonfitüre

Rot, süß und aromatisch müssen sie sein. Und wenn von Ende Mai bis Mitte Juli die Plantagen zum Selbstpflücken geöffnet haben, könnten wir uns auf einem Feld begegnen…

Für 4–5 Gläser à 370 ml:
2 kg reife Erdbeeren
2 kg Gelierzucker
6 EL Zitronensaft

ETWA 50 MIN. + DURCHZIEHZEIT

❶ Die Erdbeeren kurz abbrausen und gut abtropfen lassen. Die Blütenkelche abzupfen, schlechte Stellen großzügig herausschneiden.

❷ Die Früchte vierteln, gleich in einen Topf geben und einen Teil leicht zerdrücken. Mit dem Gelierzucker mischen und zugedeckt Saft ziehen lassen.

❸ Die Erdbeeren unter Rühren zum Kochen bringen, den Zitronensaft dazugeben und die Beeren 4 Min. sprudelnd kochen lassen. Sofort randvoll in heiße saubere Twist-off-Gläser füllen und fest verschließen. Auf den Kopf stellen und auskühlen lassen. Hält sich gut 1 Jahr.

Konfitüre aus Erdbeeren, Himbeeren und Minze

1 kg Erdbeeren und 400 g Himbeeren vorbereiten (Himbeeren nicht waschen). Mit 1,2 kg Gelierzucker mischen und Saft ziehen lassen. Etwa 12 Minzeblätter in feine Streifen schneiden. Die Früchte 2 Min. sprudelnd kochen lassen, Minze einrühren und sofort in Gläser füllen.

Quittengelee

Reife, goldgelbe Quitten haben einen herrlichen Duft. Ihr herbsäuerlicher, aromatischer Geschmack entfaltet sich erst richtig beim Kochen. Roh kann man sie nicht essen, denn Quittenzerteilen ist so ähnlich wie Holzhacken...

Für 4–5 Gläser à 370 ml:
1 1/2 kg reife Quitten
4 Kardamomkapseln
1 Flasche guter Weißwein (0,75 l)
1–2 Sternanis
1/2 Zimtstange
3 Gewürznelken
1 unbehandelte Zitrone
1 kg Zucker

ETWA 2 STD. + RUHEZEIT

❶ Von den Quitten den Flaum mit einem trockenen Tuch abreiben, anschließend noch gut abwaschen. Die Früchte (unbedingt mit Kerngehäuse!) auf einem Brett mit einem großen, kräftigen Messer zerteilen (lassen), dabei nur die Stiele und Blüten entfernen. Die Kardamomkapseln zerdrücken.

❷ Die Quittenstücke mit 1/2 l Wasser, dem Wein und den Gewürzen in einen Topf geben. Die Zitrone heiß waschen, etwa zwei Drittel der Schale dünn ablösen und hinzufügen. Quitten 45 Min. kochen und anschließend leicht auskühlen lassen.

❸ Ein großes Mull- oder grobes Küchentuch über einer Schüssel bereitlegen. Die Früchte in das Tuch schütten, das Tuch mit einer Schnur zusammenbinden und den Sack aufhängen. Den Saft am besten über Nacht in die Schüssel abtropfen lassen.

❹ Am nächsten Tag (ich drücke immer noch etwas nach) den Saft (es sollte 1 l sein) mit dem Zucker in einen Topf geben. Die Zitrone auspressen, den Saft hinzufügen. Alles 40–45 Min. köcheln lassen (siehe Tip!), zwischendurch mehrmals den Schaum abschöpfen. Das Gelee sofort in heiße saubere Gläser (mit Twist-off-Deckeln) füllen und auf den Kopf gestellt abkühlen lassen. Am besten schmeckt das Gelee nach 1–2 Jahren!

Meine Tips!

Finden Sie keine passende Aufhängung, binden Sie das Tuch an den Füßen eines umgestülpten Stuhls fest und stellen die Schüssel darunter.

Machen Sie immer eine Gelierprobe! Dafür etwas Saft auf einem Teller abkühlen lassen. Wird er fest, ist das Gelee fertig.

Da Quitten viel Pektin enthalten, gelieren sie gut. Sollte es trotzdem einmal zu dünn sein, helfen Sie mit etwas Gelierfix nach.

Pikante Quitten

Schön durchgezogen schmecken sie besonders gut zu Grillfleisch, Schweinsbraten, Geflügel, Wild, kaltem Braten und Aufschnitt.

Für 3–4 Gläser à 370 ml:
1 kg Quitten, 1 Stück frischer Ingwer (etwa 30 g)
1 rote Chilischote
1/2 l Apfel- oder Birnensaft
1/2 l Weinessig
250 g brauner Zucker
1 Zimtstange, 4 Gewürznelken
10 grüne Pfefferkörner
1/4 TL Salz

ETWA 1 STD. + RUHEZEIT

❶ Die Quitten schälen, vierteln und die Kerngehäuse herausschneiden. Die Viertel in Spalten schneiden. Den Ingwer schälen und in Scheiben schneiden. Chilischote aufschlitzen, die Kerne entfernen und die Schote in Streifen schneiden.

❷ Den Apfelsaft mit dem Essig, Zucker, Ingwer, Chillie, allen Gewürzen und Salz in einem breiten Topf 5 Min. kochen. Die Quittenspalten im Sud 12 Min. garen und anschließend zugedeckt 2 Tage kühl stellen.

❸ Entsprechende Gläser vorbereiten und die Quittenspalten (mit einer Schaumkelle) einfüllen. Den Sud nochmals kräftig durchkochen und heiß mit allen Gewürzen über die Quitten gießen. Das Glas fest verschließen und kühl stellen. Wenn sie nicht schon vorher alle sind, halten sie sich etwa 1 Jahr.

»Liebesäpfel« der Antike

Apfel- oder Birnenquitten kannten schon die alten Römer und Griechen. Als »Liebesäpfel« gingen sie in die Geschichte ein. Heute finden wir die Früchte vor allem in den Mittelmeerländern, bei uns ist das Angebot leider mehr als dürftig.

GEWÜRZBÖHNCHEN

Ideal zum Einlegen sind natürlich die ganz jungen, zarten Prinzeßbohnen. Und in der Saison friere ich immer einige Portionen ein, so habe ich für den Fall der Fälle eine feine Gemüsebeilage in Reserve…

Einfrier-Tip!

1–2 kg Prinzeßbohnen zum Einfrieren vorbereiten (putzen und waschen). In kochendem Wasser 3 Min. blanchieren, in Eiswasser abschrecken und gut abtropfen lassen. Bohnen auf ein Tablett legen und 1 Std. vorgefrieren. Dann portionsweise mit Küchengarn zu kleinen Bündeln schnüren, in Gefrierbeutel legen und einfrieren. Sie halten sich bis zur nächsten Ernte.

Für 2 Gläser à 700 ml:
1 kg grüne Bohnen, Salz
2 Knoblauchzehen
2 Zwiebeln
1/4 l Weinessig
je 1 EL Zucker und Senfkörner
je 3–4 Stengel Bohnenkraut und Dilldolden

ETWA 1 1/2 STD.

❶ Von den Bohnen Stielansatz und Spitzen abschneiden. Bohnen waschen und mit Salzwasser bedeckt bißfest garen (etwa 6 Min., aber ich probiere immer).
❷ Knoblauch und Zwiebeln schälen, die Zwiebeln achteln. In einem Topf gut 1/2 l Wasser mit dem Essig, Zucker und Senfkörnern aufkochen.
❸ Von den Bohnen das Kochwasser abgießen. Die Bohnen aufrecht in hohe saubere Gläser (mit Twist-off-Deckeln) stecken. Bohnenkraut, Dill, Knoblauch und Zwiebeln darin verteilen. Die Gläser mit dem Sud füllen und verschließen.
❹ Auf den Boden eines Topfes ein Küchentuch legen und die Gläser hineinstellen. Soviel Wasser zugießen, daß sie bis zur Mitte darin stehen. Das Wasser zum Kochen bringen, die Hitze zurückdrehen und das Wasser 20 Min. leicht simmern lassen. (Kocht es zu stark, können die Gläser springen.)
❺ Die Gläser herausheben und kühl stellen. Die Bohnen halten sich gut 6 Monate und schmecken toll zur deftigen Brotzeit, Fondues oder Gegrilltem.

SENFGURKEN

Selbsteingelegte Senfgurken schmecken einfach zu gut! Ebenso lecker sind natürlich auch kleine Gewürzgurken, Dillgurkenscheiben, Salzgurken oder Pfeffergürkchen…

Für 2–3 Gläser à 700 ml:
3 kg feste Gurken, 120 g Salz
2 Bund Dill oder 6–8 Dilldolden, 3/4 l Weinessig
200 g Zucker
100 g Senfkörner
2 EL Pfefferkörner
2–3 Lorbeerblätter
1 Stück Meerrettichwurzel (etwa 10 cm)

ETWA 1 1/2 STD. + DURCHZIEHZEIT

❶ Die Gurken schälen, längs halbieren und die Kerne mit einem Löffel auskratzen. Gurken in etwa 10 cm lange, fingerdicke Streifen schneiden. In eine Schüssel geben, mit Salz bestreuen und den Dill dazwischen legen. Mit einem Teller beschweren und über Nacht durchziehen lassen.
❷ Den Essig mit gut 1/4 l Wasser, Zucker und den Gewürzen kräftig durchkochen, nochmals abschmecken und auskühlen lassen.
❸ Die Gurken in einem Durchschlag abtropfen lassen. Den Meerrettich gut waschen und in dünne Scheiben schneiden. Die Gurken längs in vorbereitete Twist-off-Gläser oder in einen Einlegetopf aus Steingut schichten. Dill, Meerrettich und den Sud hinzufügen, die Gläser fest zudrehen und 2–3 Tage stehenlassen.
❹ Nach dieser Zeit den Sud nochmals aufkochen und wieder über die Gurken gießen. Die Gläser fest verschließen. Meine Gurken halten sich so einige Monate, denn durch das zweite Aufkochen werden alle vorhandenen Keime abgetötet.

SÜSS-SAUER EINGELEGTE ZUCCHINI

Passend zu jedem Grillfest, zum Fondue, zum deftigen Abendbrot mit Wurst und Schinken und überhaupt zu allem Pikantem...

Für etwa 2 1/2 l oder 3–4 Gläser:
2 kg Zucchini
6 Knoblauchzehen
45 g Salz, 400 g Zucker
1/2 l Weinessig
1 große Zwiebel
2–3 ganze rote Chillischoten
1 Tütchen Gurkengewürz
2 Lorbeerblätter
10 Wacholderbeeren
2 TL Senfkörner
1/2 TL Nelkenpulver
1 TL Kurkuma

ETWA 1 1/2 STD. + DURCHZIEHZEIT

❶ Die Zucchini waschen, putzen und in kleine Stückchen schneiden. Den Knoblauch schälen. Beides in einer Schüssel mit dem Salz, Zucker und Essig mischen. Zugedeckt 1 Tag durchziehen lassen. Dabei öfter andrücken, damit die Zucchini ganz vom Sud bedeckt werden.

❷ Am nächsten Tag die Zwiebel schälen und in Scheiben schneiden. Den Zucchinisud in einen Topf gießen und mit der Zwiebel und allen Gewürzen 8 Min. durchkochen.

❸ Die Zucchini in heiße vorbereitete Twist-off-Gläser füllen und mit dem kochenden Sud begießen. Sofort verschließen und wenigstens 1 Woche durchziehen lassen. Kühl gestellt ist das pikante Gemüse 4–6 Monate haltbar.

PIKANT EINGELEGTER KNOBLAUCH

Wir sind Knoblauchfans, und wenn am Wochenende kein Besuch angesagt ist, fallen wir über die Knollen her...

Mein Tip!

Nehmen Sie Knoblauch mit großen Zehen, bei zu kleinen Zehen schälen Sie sich »tot«.

Für 2 Gläser à 370 ml:
500 g frischer Knoblauch
1/2 l Estragonessig (siehe Seite 138)
50 g brauner Zucker
1 TL Salz, 2 Lorbeerblätter
1 EL Korianderkörner
1 EL Senfkörner
1 EL grüne Pfefferkörner
4 Pimentkörner
je 1 Zweiglein frischer Thymian, Rosmarin und Estragon, Sonnenblumenöl

ETWA 1 STD.

❶ Den Knoblauch schälen und mit 1/2 l Wasser, dem Essig, Zucker und allen Gewürzen (bis auf die frischen Kräuter) in einen Topf geben und 3 Min. sprudelnd kochen, dann stehenlassen!

❷ Am nächsten Tag den Knoblauch nochmals 4 Min. kochen, abkühlen lassen und in 1 großes oder 2–3 kleine saubere Gläser (Twist-off) füllen. Die Kräuter dazwischen stecken, mit einem Ölspiegel bedecken. Kühl lagern.

So schmeckt's auch:

So schmeckt der Knoblauch schon am nächsten Tag: 1/4 l Estragonessig mit 1/2 l Weißwein, den Gewürzen und Knoblauch aufkochen. Zusätzlich 2–3 junge Möhrchen in dünne Scheiben schneiden und mitgaren. Dann erübrigt sich natürlich das Öl.

Tomatenchutney

Chutneys, dieses süß-pikante Sammelsurium aus Gemüse oder Früchten, Kräutern und Gewürzen, schmecken besonders zu Fondues, Gegrilltem, einem Steak oder kaltem Fleisch und Aufschnitt.

Für 1–2 Gläser à 700 ml:
1 1/2 kg reife Tomaten
3 Zwiebeln
4 Knoblauchzehen
2 Äpfel, 50 g frischer Ingwer
1/4 l Rotweinessig
200 g Zucker, 1 Zimtstange,
6 Gewürznelken
je 1 EL Salz und Oregano
2 Chilischoten
2 EL fertiges Tomatenmark
1/8 l Öl

ETWA 2 STD.

❶ Die Tomaten 2 Min. in kochendes Wasser legen. Kalt abschrecken, die Haut abziehen und die Tomaten grob zerteilen. Zwiebeln, Knoblauch, Äpfel und Ingwer schälen. Alles klein würfeln.
❷ Den Essig mit Zucker und den Gewürzen aufkochen. Dann Tomaten und alle Zutaten bis auf das Öl dazugeben und das Chutney gut 1 Std. dicklich einkochen lassen. Zwischendurch öfter mit einem Holzlöffel umrühren, damit nichts ansetzt.
❸ Kurz bevor das Chutney fertig ist, das Öl unterrühren, in Gläser (Twist-off) füllen und fest verschließen. Kühl gelagert hält es sich viele Monate.

Apfelchutney

1 kg geschälte Äpfel (z. B. Boskop) klein würfeln. 3 Zwiebeln, 4 Knoblauchzehen und etwas Ingwer kleinschneiden. Alles mit 1/4 l Weinessig, 500 g Zucker, je 1 EL Salz und Senfkörner und etwas Chillie 1 Std. köcheln lassen.

Mein Tip!

Koche ich ein Chutney aus Früchten (z. B. Äpfeln oder Quitten, Melonen, Aprikosen, Mangos, Rhabarber oder Stachelbeeren oder was ich gerade habe), dann habe ich eine Faustregel: auf 1 kg Früchte 500 g Zucker, 1/4 l Essig und 3–4 Zwiebeln. Und natürlich gehören Gewürze wie Piment, Zimt, Muskat, Senfkörner, Chillie, Lorbeer, Ingwer, Salz und Pfeffer dazu.

Grüne Tomaten

Da grüne Tomaten Spuren des giftigen Solanin enthalten, sollte man sie niemals roh essen. Wenn sie aber blanchiert werden, gehen die wasserlöslichen giftigen Teile ins Kochwasser über, und das wird in jedem Fall weggeschüttet.

Eingelegte grüne Tomaten

Die letzten grünen Tomaten werden mit 1–2 Äpfeln in einem dunklen, abgedeckten Gefäß nach 1–2 Wochen rot.

Für 3–4 Gläser à 700 ml:
1 1/2 EL Salz
1 kg grüne Tomaten (größer als Walnüsse, kleinere schmecken bitter)
1 unbehandelte Zitrone
60 g frischer Ingwer
5 Schalotten
5 Knoblauchzehen
1/2 l Weinessig
500 g Zucker
20 Pfefferkörner, 1 Zimtstange
4 Gewürznelken
2 Lorbeerblätter

ETWA 1 1/4 STD. + RUHEZEIT

❶ In einem Topf etwa 2 l Wasser mit dem Salz aufkochen. Die Tomaten waschen und im Salzwasser 15 Min. sieden lassen (nicht kochen!). Mit einer Schaumkelle herausheben und auf Küchenpapier legen.
❷ Die Zitrone heiß waschen und die Schale dünn ablösen. Ingwer waschen und in Scheiben schneiden. Schalotten und Knoblauch schälen.
❸ 1/2 l Wasser mit dem Essig, Zucker, Zitronenschale, Schalotten, Knoblauch und allen Gewürzen aufkochen. Den Sud abkühlen lassen, die Tomaten hineinlegen und bis zum nächsten Tag durchziehen lassen.
❹ Tomaten, Schalotten und Knoblauch aus dem Sud heben und in vorbereitete Gläser verteilen. Den Sud mit allen Gewürzen heiß über die Tomaten gießen und die Gläser verschließen. Wenigstens 1 Monat durchziehen lassen. Diese Tomaten sind eine feine Beilage zu Fondue, gebratenem Fleisch und Wild.

Ein Sonntagsfoto

Meine Schwester Evi und ich mußten Punkt 12 Uhr zum Mittagessen, denn wenn die Oma rief, wagte keiner auch nur eine Minute zu spät zu kommen!

ÖLE, SELBST AROMATISIERT

Wenn Sie sie in dekorative kleine Fläschchen füllen und hübsch beschriften, haben Sie immer ein passendes und sehr persönliches Mitbringsel, über das sich bestimmt jeder freut!

Chiliöl

6 frische rote Chilischoten (ersatzweise getrocknete) und 1 EL grüne Pfefferkörner mit gutem Sonnenblumenöl in eine Flasche füllen. 2 Wochen durchziehen lassen, zwischendurch öfter durchschütteln. Es ist wirklich scharf, deshalb nur tropfenweise z.B. auf Nudelgerichte, Pizza, zum Grillen oder für asiatisches Essen verwenden.

Kräuteröl

1 kleiner frischer Rosmarinzweig, 4–5 Basilikumstengel, je 2 frische Salbeiblätter und Thymianstiele in eine saubere Flasche stecken und mit 1/2 l gutem Olivenöl begießen. Fest verschließen und einige Tage durchziehen lassen. Schmeckt besonders lecker im Salat, auf Tomaten oder Kurzgebratenem.

Wacholderöl

2–3 kleine Wacholderzweige (mit Beeren) in die Flasche stecken und mit gutem Olivenöl bedecken. Für dunkle Fleisch- oder Wildgerichte.

Meine Tips!

Sie können natürlich auch alle Kräuter einzeln (z.B. nur Rosmarin) in Öl einlegen. Und jedes Öl nach Belieben noch zusätzlich mit Chillie, Pfefferkörnern oder Knoblauch usw. würzen – da sind Ihrer Phantasie keine Grenzen gesetzt!

Auch ein Knoblauchöl (8–10 geschälte Knoblauchzehen in 1/2 l Olivenöl) gibt einer Vinaigrette oder Mayonnaise nach 3 Wochen Durchziehzeit den Pfiff.

Essig, selbst aromatisiert

Jeder Obst- und Weinessig bekommt durch den Zusatz von frischen Kräutern ein wunderbares Aroma. Es macht keine Mühe und außerdem ist es billiger als im Laden.

Zitronenessig

1/2 unbehandelte Zitrone waschen, hauchdünn die Schale ablösen, anschließend den Saft auspressen. Schale und Saft und den dicken, zerdrückten Teil einer Stange Zitronengras, einige Ingwerstückchen und 1/4 l Apfelessig in eine Flasche füllen. Gut verschlossen 2 Wochen durchziehen lassen. Für feine Salate und Fischgerichte.

Estragonessig

3 frische Zweige Estragon und 2 Zweige Zitronenmelisse in eine Flasche stecken. Mit 1/4 l gutem Weißweinessig begießen, gut verschließen und 14 Tage durchziehen lassen. Fein in Salaten oder einer Remouladensauce.

Himbeeressig

250 g frische Himbeeren verlesen und in ein sauberes Glas füllen. Mit 1/4 l gutem Weißweinessig begießen und auf einer sonnigen Fensterbank 8 Tage durchziehen lassen. Täglich einmal schütteln. Nach dieser Zeit den Essig durch ein Küchentuch filtern und in eine vorbereitete Flasche gießen. Etwa 2 Monate haltbar, schmeckt wunderbar in Salaten oder Wildsaucen.

Meine Tips!

Mit einer Handvoll Blüten aus dem Garten dem Essig Aroma geben, z.B. ungespritzte Rosen-, Lavendel- oder Holunderblüten in eine Flasche stecken und mit 1/2 l Weißweinessig 1 Woche durchziehen lassen.

Und Essig, aromatisiert mit Brombeeren, Basilikum oder einem Weinrautenzweig, ist ebenfalls der letzte Pfiff in Ihrem Salat!

TIPS, TRICKS & PANNENHILFE

➤ **AVOCADOS** – reifen gut nach, wenn man sie in Zeitungspapier wickelt oder in Mehl legt.

➤ **BANANEN** – haben schnell braune Stellen. Gleich in Papier wickeln und im Gemüsefach lagern. Und nicht neben Äpfel legen, diese Früchte vertragen sich nicht.

➤ **BLUMENKOHL** – bleibt zart und weiß, wenn er in einer Mischung aus Mineralwasser und Milch gekocht wird.

➤ **CHAMPIGNONS** – in einer Mischung aus Wasser, Mehl und Salz waschen, so bleiben sie schön weiß.

➤ **DISTELÖL** – wunderbar für Salate. Es hat den höchsten Anteil an ungesättigten Fettsäuren und sollte deshalb nicht zum Braten genommen werden.

➤ **ENTFETTEN** – mit Küchenpapier kann man gut den Fettspiegel absaugen. Oder von der erkalteten Brühe das erstarrte Fett einfach abnehmen.

➤ **FRITIEREN** – Das Fett kann man mehrmals verwenden, wenn es nach Benutzung durch ein mit Küchenpapier ausgelegtes Sieb gegossen und im Kühlschrank aufgehoben wird.

➤ **GEMÜSEWASSER** – von gekochtem Gemüse (außer Spargel, das nehme ich nur für Spargel) die Garflüssigkeit einfrieren und wiederverwenden. Das kann man mehrmals hintereinander praktizieren und jedesmal wird die Brühe besser!

➤ **GURKENSUD** – den pikanten Sud nicht weggießen, sondern z. B. kleine Zwiebelchen darin einlegen. Nach einigen Tagen sind das beste Silberzwiebelchen.

➤ **HACKFLEISCH** – ist immer gut »für alle Fälle«. Ich brate etwa 2 kg mit Zwiebeln, Tomaten, getrockneten Pilzen, Gewürzen und 1/8 l Brühe gut 1 Std. durch. Nach dem Abkühlen in mehrere Gefrierbeutel füllen und flachdrücken. Ist 2–3 Monate haltbar und ideal für Saucen, Aufläufe und vieles andere.

➤ **INNEREIEN** – sind nicht jedermanns Sache; doch zarte Leber, Nierchen, Herz, Bries oder Zunge stecken voller Vitamine und Mineralstoffe. Deshalb ruhig einmal auf den Küchenzettel setzen.

➤ **JAGATEE** – ähnlich dem Glühwein und Punsch, besonders beliebt beim Ski-Einkehrschwung. Aber Vorsicht, er hat's in sich! Grundlagen sind Tee, Zimt, Nelken, Fruchtsaft, Zucker und Obstler (mit Wein oder Rum abgerundet).

➤ **KATER (VOM ALKOHOL NATÜRLICH!)** – auch unsere weisen Altvorderen empfahlen schon Knoblauch nach »durchzechter Nacht«! Reichlich zerdrückte Zehen in heißer Bouillon oder in Nudeln essen. Und gegen störenden Geruch frische Petersilie kauen.

➤ **KRÄUTER FRISCH HALTEN** – schräg anschneiden und in ein Glas mit Essig und Mineralwasser (1:4) stellen. So werden auch welke Kräuter wieder frisch.

➤ **LIEBE** – geht wirklich durch den Magen!

➤ **MARKKNOCHEN** – so löst sich das Mark leicht heraus: Knochen kurz in die heiße Backröhre legen und dann herausdrücken. Abgekühlt in Scheiben schneiden (z. B. für eine Bouillon oder Suppe).

➤ **MAYONNAISE** – wird sie beim Schlagen nicht richtig fest? Wenn Sie sie in dieser Reihenfolge rühren, gelingt sie garantiert! Zuerst Eigelbe mit Senf und Salz verrühren. Dann 1 TL Essig zugeben und dann erst das Öl langsam einrühren. Ich nehme dafür den Zauberstab.

➤ **Milch angebrannt?** – sofort umfüllen und mit etwas Vanillezucker kurz aufkochen. Damit sie nicht überläuft, vorher den Topfrand mit Butter einfetten oder einen silbernen Löffel über den Topf legen.

➤ **Nüsse** – hängt an selbst gesammelten Walnüssen noch grüne Schale, Handschuhe anziehen (färben stark) und abpulen. Ich trockne sie in einem großen flachen Karton in der Sonne oder Ofennähe.

➤ **Ölflaschen** – bleiben am Hals sauber und man kann besser dosieren, wenn Sie einen Schnapsausgießer daraufsetzen.

➤ **Olivenöl** – nie zu heiß werden lassen, es verbrennt schnell. Halb Olivenöl und Butter ergibt die ideale Bratmischung.

➤ **Pilze trocknen** – geputzte Pilze in dünne Scheiben schneiden und auf Papier in der Sonne trocknen lassen. Oder auf eine Schnur ziehen und einige Tage im warmen Zimmer trocknen. Oder im Ofen bei 50° etwa 8 Std. trocknen lassen (Ofentür einen Spalt offen lassen). Erst wenn sie prasseltrocken sind, in gut verschließbare Behälter füllen.

➤ **Risotto** – damit Risotto gut gelingt, während des Kochens häufig mit einem Holzlöffel umrühren. Die heiße Brühe nach und nach zugießen, bis der Reis eine cremige Konsistenz erreicht hat.

➤ **Salz- und Pfefferstreuer verstopft?** – einige Reiskörner im Salzstreuer saugen die Feuchtigkeit wieder auf – und ein paar ganze Pfefferkörner sorgen für freien Fall und mehr Aroma im Pfefferstreuer. Oder das Salz kurz im warmen Backofen trocknen lassen.

➤ **Spargel** – beim Schälen das Ende nicht abschneiden, sondern abbrechen. Sie brechen genau am holzigen Teil. Ein altbackenes Brötchen mitkochen, es saugt die Bitterstoffe auf.

➤ **Streuwürze** – (z. B. Fondor) ist ein Universalgeschmacksverstärker, der besonders Brühen, Suppen oder Eintöpfe geschmacklich noch abrundet.

➤ **Twist-off-Gläser** – das sind die praktischen und immer wieder verwendbaren Gläser mit Drehverschlußdeckel. Aber unbedingt vor jeder Benutzung heiß auskochen. Mit etwas Stoff und einem Band versehen verziert es jedes Geschenk aus der Küche.

➤ **Umrühren** – dafür sind Holzlöffel am besten, sie leiten die Hitze nicht weiter und schonen außerdem Pfannen und Töpfe.

➤ **Versalzen** – ist z. B. eine Sauce oder Suppe versalzen, rohe Kartoffelscheiben oder Brotrinden einlegen, diese ziehen einen Teil des Salzes ab. Milch oder Sahne lindern auch. Ist Gemüse versalzen, Wasser weggießen und neu in Fett andünsten.

➤ **Welker Salat** – wird wieder frisch, wenn Sie einige rohe Kartoffelscheiben und 3 EL Zitronensaft ins letzte Waschwasser geben. 10 Min. darin liegen lassen.

➤ **Zitronenhälften aufheben** – mit der Schnittfläche in Zucker legen, sie bleiben bis zu 14 Tagen frisch.

➤ **Zitronensaft** – manchmal braucht's nur einige Tropfen? Dann nicht aufschneiden, sondern nur ein kleines Loch in die Zitrone bohren und etwas Saft ausdrücken.

➤ **Zwiebelhälften aufheben** – im Schraubglas. Oder die Schnittfläche dünn mit Öl bestreichen und in Klarsichtfolie wickeln. Und immer kühl stellen.

Rezept- und Sachregister

IMPRESSUM

Danke Ihr Lieben
für Eure Unterstützung! Mein Mäusel, Peter, Heddi, Kläusel, Evi und Herlinde.

Mehr von Gudrun?
In meinem nächsten Buch öffne ich die Schatztruhe meiner Backstube, knete und rühre für Sie. Ab August 2000 überall dort, wo es gute Bücher gibt. Freuen Sie sich darauf!

Post für Gudrun?
Alles, was Ihnen in diesem Buch gefallen und geschmeckt hat (oder auch nicht), interessiert mich. Schreiben oder faxen Sie an:
Gudrun's Küche
Gräfe und Unzer Verlag
Grillparzerstraße 12
81675 München
Fax 089-419 81-123
e-mail: gudrun@graefe-und-unzer.de
Ich freue mich darauf!

Genehmigte Lizenzausgabe für Verlagsgruppe Weltbild GmbH, Steinerne Furt, 86167 Augsburg

unter dem Titel *Gudrun's Küche – Lieblingsrezepte klassisch und gut*

Redaktion:
Christine Wehling
Lektorat:
Adelheid Schmidt-Thomé

Layout und Gestaltung:
Claudia Fillmann, independent Medien-Design

Herstellung:
BuchHaus Robert Gigler GmbH

Titelbild, People-Fotos und Stillifes:
Alexander Walter

Food-Fotos:
FoodPhotography Eising
Fotografische Gestaltung für dieses Buch:
Martina Görlach (außer S. 103, links unten: StockFood/S. Eising)
Food-Styling:
Monika Schuster

Sw-Fotos:
privat

Illustrationen:
Gudrun Ruschitzka

Umschlaggestaltung: Atelier Lehmacher, Friedberg (Bay.)
Umschlagmotiv: StockFood Munich
Gesamtherstellung: Neografia, a.s. printing house, Škultétyho 1, SK-03655 Martin
Printed in Slovakia

ISBN 3-8289-1196-x

2008 2007 2006 2005
Die letzte Jahreszahl gibt die aktuelle Lizenzausgabe an.

Einkaufen im Internet:
www.weltbild.de

Alexander Walter
hat an der Staatlichen Fachakademie für Photodesign in München studiert. Heute setzt er die Kreativrezepte von Werbe-, PR- und Verlagsleuten in tolle Bilder um. Seine Lieblingsthemen sind People, Reportagen und Stillife, doch im Grunde ist er offen für alles.

Susie M. und Pete A. Eising
haben Studios in München und Kennebunkport, Maine (U.S.A.). Sie studierten an der Fachakademie für Photodesign in München, wo sie 1981 ihr eigenes Studio für Food Fotografie gründeten.

Dr. Eva Gesine Baur
hat Germanistik, Kunstgeschichte, Musikwissenschaften und Psychologie studiert und außerdem eine Kochlehre absolviert. Sie arbeitet als Journalistin, schreibt u. a. für ›essen & trinken‹ und viele andere Publikumszeitschriften.

Dankeschön an die Firmen
Adornetto (Kirchheim), Boss elitaire (Balingen), Casa Sud (Paris), Ikea (Deutschland), Ilot Vital (Grayan), Le Creuset (Notzingen), Prim'style (Saint André le Gaz), Sia (Trier), Sompex (Meerbusch), Tohu Bohu (Cournonsec)

Literaturquellen
»Abschiedsworte an Pellka« aus: Joachim Ringelnatz, Das Gesamtwerk in sieben Bänden. Copyright © 1994 by Diogenes Verlag AG Zürich
»Maillard-Reaktion» aus: Ekkehard Unger, Auweia Chemie! Wiley-VCH-Verlag 1998